本书系2020年济南市基础教育教学改革成果培育项目“数学文化融入小学数学教学的实践研究”的研究成果之一

数学文化融入
小学数学教学的实践探索

主　编　王　静　王宏伟
副主编　张述霞
编　委　(排名不分先后)
李　娜　杜春燕　王海燕　康万燕
李　霞　齐丹丹　陈　素　马　静

山东大学出版社
SHANDONG UNIVERSITY PRESS
·济南·

图书在版编目（CIP）数据

数学文化融入小学数学教学的实践探索/王静，王宏伟主编；张述霞副主编. —济南：山东大学出版社，2023.6

ISBN 978-7-5607-7858-7

Ⅰ. ①数… Ⅱ. ①王… ②王… ③张… Ⅲ. ①小学数学课一教学研究 Ⅳ. ①G623.502

中国国家版本馆 CIP 数据核字（2023）第 100181 号

责任编辑　张彩芸
封面设计　王秋忆

数学文化融入小学数学教学的实践探索
SHUXUE WENHUA RONGRU XIAOXUE SHUXUE JIAOXUE DE SHIJIAN TANSUO

出版发行　山东大学出版社
社　　址　山东省济南市山大南路 20 号
邮政编码　250100
发行热线　（0531）88363008
经　　销　新华书店
印　　刷　山东和平商务有限公司
规　　格　720 毫米×1000 毫米　1/16
　　　　　13.5 印张　232 千字
版　　次　2023 年 6 月第 1 版
印　　次　2023 年 6 月第 1 次印刷
定　　价　58.00 元

序

“数学是研究数量关系和空间形式的科学。”① 数学是人类在自身漫长的发展历史中，以独特而又深刻的思想不断地对客观现实世界进行高度抽象的产物，凝聚了人类的知识、意识与经验，其形成的思想、理论和知识体系已经广泛地渗透到数学以外的其他学科，并促进了各个学科的科学化发展，同时，也深刻地影响了我们的生活。数学不仅影响着我们的生产生活方式，还潜移默化地影响着我们的观念、思想和思维方式。数学家们在数学的起源、发展、完善和应用过程中不断攻破一个个数学问题、建构一个个数学定理，展现出了锲而不舍、勇于攀登的追求真理的精神和崇高境界。

数学能够在人类文明发展中发挥如此重要的作用，与其具有的文化属性密不可分。那么，我们的数学教育如何引导儿童从文化的角度去发现数学的魅力、寻找数学的本质、再现数学的发现过程，从而形成学习数学的基本理念和思维方式、提升数学核心素养？这是值得我们探索的一个重要问题。于是，本书的编者——一群善于钻研、热爱思考的数学老师组成了研究团队。其中济南市数学教学骨干教师王静是学科带头人，她带领团队，依托济南市洪家楼小学王宏伟校长为团队搭建的平台，就小学阶段实施数学文化教育进行了深入研究和实践探索。该团队以提升儿童数学素养为目标，积极开发数学文化课程资源，编制校本课程，创新课堂教学模式，强化理实结合，边研究、边实践、边反思，充分利用高校和科研院所的专家资源定期开展线上、

① 中华人民共和国教育部：《义务教育数学课程标准（2022年版）》，北京师范大学出版社2022年版，第1页。

线下培训。一沓沓学习笔记、心得体会记录、数学文化听课量表是他们刻苦钻研、积极探索的体现。他们定期通过分析调查数据、访谈、举行多种形式的学术研讨和经验分享等活动不断探索研究。在一系列的实践探索中，他们对数学文化的背景、发展历程、研究重难点、创新点、成果的推广和应用等进行了总结提炼，并尝试开发了符合校情又独具特色的数学文化校本课程，构建了与之相匹配的若干教学策略和基本范式。王静老师及其团队重点围绕数学文化的内涵、研究的意义和价值、如何在小学阶段科学实施数学文化教学等问题进行了深入研究和实践探索。本书也充分彰显了王静老师及其团队的研究能力和勇于教学改革的实践精神，他们不仅在理论上对数学文化融入小学数学教学进行了深入研究，同时在实践上也有了新的突破，不但形成了理论体系，也拥有了实践成果。

本书既抓住了小学阶段开展数学文化教育的核心问题，也尝试构建了小学阶段开展数学文化教育的理论框架和实践范式，其创新点主要表现在以下几个方面。一是遵循儿童学习数学文化的规律，精心设计数学文化的教育内容。比如依据小学生认知规律和数学学习规律，结合小学数学教学实际，运用教育学的方式进行加工，把数学文化由抽象的理论和概念转化为可操作的、易感受的课堂教学内容与策略，将数学文化整合于课程，贯穿于课堂，构建数学文化教学模式和策略，丰富小学数学文化教学的实践研究。让教师据此进行教学设计，搭建整体框架，确定数学文化融入小学数学教学的“地图”。二是创新评价方式，科学评价儿童学习数学文化的效能。比如在教学评价中，关注对学生的多元评价，编制数学文化课堂评价量表并使用，对数学文化的融入程度、融入策略进行了可视化的量化评价，从教学目标的达成、师生关系、学生行为、教师行为和教学风格五大方面评价数学文化融入课堂的程度。三是成果可复制、可推广，利于其他学校与教师借鉴和学习。本书能够帮助教师在教学中树立具有文化意识的数学课程观、数学教学观，本书整理的一个个鲜活案例都是研究团队反复研究和提炼的结果，这其中有多项课例参加了全国、省、市、区的各项展评，获得了多方好评，具有非常高的参考价值。另外，本书展示了丰富多彩的与数学文化相关的校园活动设计案例，比如数学益智游戏、数学演说家、数学讲题小达人、数学手抄报评比等，可以为小学阶段开展数学文化教育的学校和教师提供参考。

希望此书能够让更多的学校和教师对小学数学文化教育有更深入的了解和创新实践探索。

2023 年 6 月 8 日

（曾庆伟，山东省教育科学研究院副院长、研究员）

前言

一、结缘

作为一线小学数学教师，我们时常被以下几个问题困扰：小学数学课的教育价值在哪里？为什么有那么多学生觉得数学难学？如何在发展学生核心素养的背景下，激发学生的学科兴趣和发展学生的学科素养？

数学从本质上讲是一种文化，数学教育不仅是知识的传授、能力的培养，而且还应是一种文化的熏陶。《义务教育数学课程标准（2022 年版）》指出："数学承载着思想和文化，是人类文明的重要组成部分。"正如学者黄秦安所认为的，数学文化的发展状态决定着数学教育的目标、价值和评价体系，其广泛渗透性和应用性赋予数学教育在各门学科中的重要价值；由于数学文化能够迅速地反映现代数学发展的水平和趋势，这就决定了数学文化的发展状态极大地影响着数学的课程改革。张奠宙先生认为"数学文化必须走进课堂"。的确，数学的文化内涵往往以潜移默化的形式存在，只有教师有意识地将文化观念植根于数学课堂教学之中，才能让学生感悟这种"看不见的文化"。由于受到课堂教学时间和内容的限制，许多数学史、数学游戏、思想方法、生活中数学的美等内容在课堂上无法与学生共享。这样数学的文化价值就会缺失，也就失去了用数学文化育人以提高学生数学素养的内在要求。

与数学文化结缘还要追溯到 2015 年。那一年我有幸参加了济南市组织的一个数学文化研讨会，并执教了观摩课例《田忌赛马的策略》。课例受到与会专家和老师的一致好评，特别是当时参会的西南大学宋乃庆教授，他在评课时从数学文化的角度给予了很高的评价，并邀请我去重庆参加 2015 年全国数学文化在小学素质教育中的实践探索研讨会。会上我面向全国教师执教了数学文化观摩课《田忌赛马的策略》，多位著名专家学者对数学文化进行了多角度的解读，让我受益匪浅。回到济南后，带着学习所得，我在学校数学组做了分享，几位老师听了我的分享后，也加入了数学文化研究和实践的队伍，这样我带领我们教研组的几位志同道合的老师组建了一个小团队，从此踏上了数学文化的探究之旅。

二、实践

我们首先挖掘了教材中的数学文化资源，寻找教材中那些曾经被老师忽略的“你知道吗?”“数学游戏”等栏目，丰富课堂教学内容，开始关注数学文化知识的教学。我们研究小组对课本中可以挖掘的知识进行了梳理。通过对实验班与非实验班的同课异构对比，我们深切体会到数学课改的必要性。经过2015、2016两年的探索后，我们明显感觉到实验班的学生学习状态更好，学习的积极性、主动性都有所增强，学习兴趣提高了。但是在这样的探索过程中，还存在以下四个方面的问题：一是在教师研究方面呈现出来的是“单打独斗”的现象，缺乏统筹和协调；二是有些课程方案受课堂时间和空间的限制，无法充分实施；三是缺乏资源上的系统整合，教师根据自己的理解在教学中对数学文化知识进行随机处理，比较分散；四是受教师自身水平的限制，研究缺乏一定的理论高度。受这些问题的制约，我们的研究进入了瓶颈期，急需专家的指导。在向学校领导汇报后，学校领导给予了大力支持，我们申请加入了全国数学文化实验校，有了强大的资源支撑，同时还聘请了时任山东省基础教育课程研究中心主任李红婷老师到校进行专业的指导。在这个阶段学校成立了数学文化课程开发团队，将数学文化引入我们的数学教学，进一步完善了我们的课程体系。在专家的引领下，我们初步制订了课程目标、实施途径、内容选择以及评价策略。

2020年，我们申报了济南市基础教育教学改革成果培育项目——“数学文化融入小学数学教学的实践研究”。该项目在历城区教研员兼项目组成员张述霞老师的推动下，已在全区推广，并依托“历城区王静名师工作室”，在名师工作室成员校建立了实验班，这些学校分别是历城区鲍山学校、历城区凤鸣学校、历城区唐冶小学、历城区弘毅学校。近年来，我们在实践中不断摸索，进行了一系列的探索。功夫不负有心人，我们也终于有了些框架、搭建起了体系，也想给更多的一线教师提供一些实践资源，这是本书编写的初衷，如有不当也请大家提出更好的建议。

本书的编写者定期参与数学文化的相关培训，通过理论与实践结合，进行反思、总结、提炼。我们调查了特定范围内学生和教师对数学文化的理解掌握现状以及数学文化融入教学的情况，梳理了人教版数学 1～6 年级 12 册教材中的数学文化资源，完成了基于本校情况的数学文化融入小学数学教学实践研究的教学设计集、数学课件集、教学微课集、教学论文集等。

本书从理论着手，阐释了数学文化的内涵与价值，并且分析了国内外数学文化教学的现状，总结了一套数学文化教学实施的方式与策略，构建了基于校本文化的课程体系和评价方式，并且在相关实验校和各级领导的支持和指导下，形成了有实践意义的案例和校园活动设计。搭配丰富的作业形式、多样的作业内容，让学生通过探究、实践、体验感受了数学文化的“可感、可学、好玩、好学”。

当然，只有“变”是永远不变的，今后无论是我们，还是千千万万的数学老师，甚至是其他学科老师，都会继续研究与数学文化相关的内容，我们也会且行且思，努力给老师和孩子们提供更多具有指导价值的教学资源，也希望数学文化的实践教学能让更多的孩子热爱数学。

2023 年 5 月

（王静，济南市历城区洪家楼小学副校长）

目　录

第一章　数学文化的内涵与价值 …… 1

第一节　数学文化的内涵与外延 …… 1

第二节　数学文化的特征与价值 …… 11

第二章　数学文化教学的现状分析 …… 18

第一节　国外数学文化教学的现状分析 …… 18

第二节　国内数学文化教学的现状分析 …… 22

第三章　数学文化教学的实施方式与策略 …… 38

第一节　数学文化融入教学的研究历程 …… 38

第二节　数学文化融入教学的实施机制 …… 40

第三节　数学文化融入小学数学教学的基本策略 …… 51

第四节　数学文化融入小学数学课堂教学的基本范式 …… 78

第四章　数学文化校本课程的构建 …… 85

第一节　数学文化校本课程的构建目标 …… 85

第二节　数学文化校本课程的构建思路 …… 93

第三节　数学文化校本课程的实施方式 …… 101

第四节　数学文化校本课程的评价 …… 118

第五章　数学文化相关教学案例集锦 …………………………… 125

第一节　数与代数领域案例 …………………………………… 125
第二节　图形与几何领域案例 ………………………………… 130
第三节　统计与概率领域案例 ………………………………… 138
第四节　综合实践活动领域案例 ……………………………… 142

第六章　数学文化课程校园实践活动设计 ……………………… 157

第一节　教师活动设计 ……………………………………… 157
第二节　学生活动设计 ……………………………………… 169

参考文献 ……………………………………………………… 201

第一章　数学文化的内涵与价值

第一节　数学文化的内涵与外延

数学从本质上讲是一种文化。数学教育不仅是知识的传授、能力的培养，而且还应该是一种文化的熏陶。在实际教学中，数学的文化内涵往往以潜移默化的形式存在，只有教师有意识地将文化的理念作用于数学教学之中，才能让学生感悟到这种“看不见的文化”，从而经历完整的数学教育而不仅仅是学习数学知识。

一、数学与文化

要理解数学文化的内涵，首先让我们分别从“数学”和“文化”两个方面来加以理解。

（一）什么是数学？

“数学是研究数量关系和空间形式的科学。数学源于对现实世界的抽象，通过对数量和数量关系、图形和图形关系的抽象，得到数学的研究对象及其关系；基于抽象结构，通过对研究对象的符号运算、形式推理、模型建构等，形成数学的结论和方法，帮助人们认识、理解和表达现实世界的本质、关系和规律。数学不仅是运算和推理的工具，还是表达和交流的语言。”①

---

①　中华人民共和国教育部：《义务教育数学课程标准（2022 年版）》，北京师范大学出版社 2022 年版，第 1 页。

从以上描述中，我们不难看出，首先，“数学是一种先进的文化，是人类文明的重要基础”[①]。细数人类历史长河中的重要文化冲击事件，如达尔文提出进化论、牛顿发现万有引力、爱因斯坦提出相对论等，这些事件背后投射出的都是数学思想或数学文化的身影。其次，数学是一种语言。伽利略说：“大自然这本书是用数学语言写成的……天地、日月星辰都是按照数学公式运行的。”数学符号就是数学独特的描述语言，人们利用数学符号来描述这个科学的世界。最后，数学是一门技术。数学最独特的功能就是计算，仅仅是这一项功能就给我们的生活带来很多便利，帮我们解决了生活中的很多实际问题。而数学与其他很多学科都可以进行结合，比如计算机就是非常有代表性的数学分支学科。

（二）什么是文化?

广义的文化是指人类在社会实践过程中所得的物质、精神的生产能力和创造的物质、精神财富的总和。狭义的文化是指精神生产能力和精神产品，包括一切社会意识形态，如自然科学、技术科学、社会意识形态等，有时又专指教育、科学、文学、艺术、卫生、体育等方面的知识与设施。

人类传统观念认为，文化是一种社会现象，是由人类长期创造而形成的产物；同时，文化又是一种历史现象，是人类社会与历史的积淀物。确切地说，文化是凝结在物质之中又游离于物质之外的，能够被传承和传播的国家或民族的思维方式、价值观念、生活方式、行为规范、艺术文化、科学技术等，它是人类相互之间进行交流的普遍认可的一种能够传承的意识形态，是对客观世界感性上的知识与经验的升华。[②]

文化是人类在不断认识自我、改造自我的过程中，在不断认识自然、改造自然的过程中，所创造的并获得人们共同认可和使用的符号（以文字为主、图像为辅）与声音（以语言为主，音韵、音符为辅）体系的总和。用更简练的文字表达，则可缩写为：文化是语言和文字的总和。[③]

对于文化的解释自古以来就有很多种不同的看法。自然，对于数学文化的理解也必然有多种不同的观点。

---

① 李大潜：《将数学建模思想融入数学类主干课程》，《首届大学数学课程报告论坛论文集》，首届大学数学课程报告论坛，2005 年。

② 参见陈晓菡：《课程意义下的“文化学习”策略》，《教育研究与评论》2021 年第 6 期。

③ 参见周建强：《普通中学语文概念性课程教学的探索研究》，《内蒙古师范大学学报》（教育科学版）2022 年第 2 期。

二、国内外学者对数学文化的认识

从20世纪中后期开始，以美国著名数学家莫里斯·莱克因（Morris Kline）撰写的《西方文化中的数学》为标志，数学文化作为研究对象开始走进学者们的研究视野。西方学者们深入研究了数学文化的内涵、特征、价值、意义以及主要内容等，但是数学文化作为一门新兴的学科，依然不够成熟。而我国则起步较晚，从20世纪末期开始有学者对数学文化进行研究，学者们一致认为，数学文化作为文化的一个子系统，除了遵从文化的属性外，还因其学科属性具有自身的独特性，有着属于自己的研究领域。对何谓数学文化，学者们有不同的理解。下面让我们来看一部分国内外学者对“数学文化”的认识。

（一）国外学者对数学文化的认识

国外的学者通常将数学文化表述为“Mathematical Culture”或“Mathematics Culture”。Mathematical Culture这一表述可以理解为某些文化是与数学有关的，而Mathematics Culture则关注的是文化与数学之间的某种特有的联系，更加注重数学与文化的关系。这两种从不同维度对数学文化进行的表述都突出了数学和文化的关系是密不可分、相互依存的。查阅国外文献不难看出，对数学文化内涵的理解通常包含两个方面：一方面，从文化学来看数学，它是一种文化；另一方面，从数学来看文化，文化中包含了数学的成分。两者是辩证的关系，有区别但是又紧密相连、不可分割。国外学者对数学文化的研究比较突出的成果如下：

怀尔德的《作为文化体系的数学》一书，让人们看到了长期以来关于数学文化的深入探讨，提出了一系列成熟的有关数学文化的概念和理论体系。他还在书中指出，数学家拥有的文化内含一个共享的带有数学特征的部分，同时他也指明了数学有文化的特征。①

美国数学家毕肖普（Alan J. Bishop）在他的著作中提出，数学的知识体系是唯一的、确定的，而在不同文化中，构建数学知识体系的思维方式、结构有所不同，数学文化所研究的不是知识体系，而是这些不同的思维结构、

---

① 参见朱焕桃：《数学文化融入高职数学教学的研究与实践》，中国纺织出版社2019年版，第3～4页。

方式。后来毕肖普进一步提出，数学文化包括两部分：一部分是指人类文化中的数学成分；另一部分是指数学亚文化，即隐藏在数学知识背后的观念、隐形成分。①

莫里斯·克莱因提出："数学学科并不是一系列的技巧，这些技巧只不过是它微不足道的方面：它们远不能代表数学，就如同调配颜色远不能当作绘画一样。技巧是将数学的激情、推理、美和深刻的内涵剥落后的产物。数学在形成现代生活和思想中起重要作用。"他认为学校课程与教科书都将"数学"作为一系列充满技巧、毫无意义的程序，但若数学脱离了其文化基础，被简化为一系列技巧，将会使其形象扭曲。②

（二）国内学者对数学文化的认识

不同的学者对数学文化有着不同的理解。在国内，最早开始研究数学文化的是孙小礼教授，她与邓东皋、张祖贵合编了一本《数学与文化》（北京大学出版社 1990 年版），书中整理了很多国内外学者的文章，这些学者从不同的角度对数学文化进行了思考，从不同的维度证明了在整个文化体系中，数学已经站在了一个较高的位置。越来越多的人加入数学文化的研究中来，他们都试图揭示数学文化的内涵，并且开始关注数学及其所包含的文化的价值。

齐民友的《数学与文化》一书论证了数学和文化的起源，为我们展现了数学和文化发生、发展、变化的过程，也深刻地探讨了它们之间存在的关系，用浅显的事例让我们感受数学对人类文化产生的巨大的影响，为我们展现了数学的强大以及数学中蕴含的探索精神。在书中，齐先生述说道："一个没有现代数学的文化是注定要衰落的。"③

郑毓信等的《数学文化学》一书指出并强调，数学文化是数学共同体产生的文化效应，数学文化并非是自生自灭的封闭系统，而是一个开放的系统。④

黄秦安在《略论数学教育的文化背景》一文中指出，数学文化具有比数学知识体系更为丰富和深邃的文化内涵，数学文化是对数学知识、技能、能

---

① Alan J. Bishop, *Mathematical Enculturation: A Cultural Perspective on Mathematics Education*, Berlin: Kluwer Academic Publishers, 1991. p.18.

② 参见［美］莫里斯·克莱因：《西方文化中的数学》，张祖贵译，商务印书馆 2020 年版，第 10～11页。

③ 齐民友：《数学与文化》绪言，湖南教育出版社 1991 年版，第 13 页。

④ 参见郑毓信、王宪昌、蔡仲：《数学文化学》，四川教育出版社 2001 年版。

力和素质等概念的高度概括。①

三、数学文化的内涵

通过以上国内外学者对数学文化这个问题所持的态度和观点，我们可以看出，虽然大家从不同的角度去理解和阐释，但是这些观点都有着很多相似之处，都认为数学文化是一种人文精神，并且具有很多理性的特质。能把数学和文化联系起来的是数学的内涵、数学的发展、数学的思维等，这个包罗万象的课题不断吸引着人们去进一步研究。对于数学文化的内涵，不同的学者有着不同的观点，主要包含了以下几类：

以郑毓信和郑强为代表的学者从数学共同体的角度出发，强调数学共同体产生的文化效应。

以黄秦安、涂荣豹、邵婷婷为代表的学者从系统论的角度出发，强调数学文化是精神与物质、知识与观念的有机动态系统。

以方延明、王梓坤为代表的学者从数学学科的角度出发，强调数学是一种广延的学科，是超越了学科范围的观念、意识、人物、历史等的总和。

以徐利治、王宪昌、萧振为代表的学者从传统观念论的角度出发，强调数学文化是逐步沉淀下来的数学家及整个民族的数学行为精神、数学思想和方法。

以张楚廷、李兴怀、孙宏安、顾沛为代表的学者从文化的角度说明数学文化是物质文明财富、精神文明财富以及一切成果的综合，是指“数学的思想、精神、方法、观点以及它们的形成和发展；还包含数学家、数学史、数学教育、数学美、数学发展中的人文成分、数学与社会的联系、数学与各种文化的关系”②。

可见，数学文化是一种开放的、多元的文化，至今都还没有一个统一的界定，因为它不仅仅是简单意义上的“数学＋文化”。我们项目组综合以上观点并结合实践研究，对数学文化的内涵做了以下阐述：数学文化博大精深，影响深远，社会的各个领域无不渗透着数学思想、数学方法，它的广泛应用与传播不仅改变着人们的观念、思维方式和行为，还促进了人类社会的和谐发展；当然，数学文化和学科发展、社会发展是相互影响和相互促进的，数

① 参见黄秦安：《略论数学教育的文化背景》，《数学教育学报》1995 年第 2 期。

② 转引自廖尚谋：《以“知”育“智”：初中数学核心素养培养》，《文理导航》2021 年第 4 期。

学文化在促进人类社会发展的同时，因环境变化，学科也得到了丰富和完善。因此，数学的知识性成分（显性）和观念性成分（隐性）、数学辐射到社会各领域的相关因素以及社会各领域反作用于数学并且沉积在数学文化中的相关因素，连同超越数学自身的意义，共同构成了数学文化。

四、数学文化的外延

人们通常从内涵和外延两个层面对一个概念进行阐述，刚才我们主要分析了数学文化的内涵，主要是表述了数学文化的本质特点，而数学文化的外延则是对它所涵盖的范围进行概述。我们项目组结合国内外学者观点认为数学文化的外延主要包含了数学史、数学与生活、数学与科技、数学与人文、数学思想方法、数学游戏、数学精神等。下面我们主要从数学史、数学与生活、数学与科技、数学与人文艺术、数学思想方法五个方面进行简单阐述。

（一）数学史

数学文化博大精深，源远流长，数学史可以追溯到5000年前。综观整个数学发展历史，可以让我们更好地认识到数学的发展是一代一代的学者智慧的结晶和积淀。数学家朗之万曾说过，在数学教学中加入历史百利而无一弊。千百年来，中华民族经久不衰的光辉历史的各个时期，都有很多可以用来对学生进行教育的数学史，这些都是我们宝贵的精神财富。

著名数学家霍格本（L. Hogben）说过："数学史是与人类的各种发明与发现、人类经济结构的演变以及人类的信仰相互交织在一起的。"[①] 站在数学发展史的高地，用心体会数学文化错综复杂的发展历史，纵然漫长崎岖，但无不闪烁着智慧的光芒，用心体会其背后的价值，便能感受它的无穷魅力。

数学史的价值和意义在于它在很大程度上被数学家以及学者们认为是重要数学思想的演变记录，学生在学习中出现的困惑往往与数学发展史上出现的困惑相一致。在实际的数学文化学习中，让学生充分体验发现过程，即通过在每一次数学计算、数理统计中遇到的具体问题，让学生感受数学家总结规律形成定理和公式的整个过程，能够引导小学生深入理解数学精神，促进学生思维品质的形成。今天学生们理解上的困惑，不过是历史上数学家们思想困惑的逻辑"重演"而已，历史上数学思想方法的突破点是数学历史发展

① 转引自刘添昌：《彰显文化传统　展示数学魅力》，《福建基础教育研究》2014年第12期。

的重大转折，亦是学生学习的难点，教师如果采取措施引导学生合乎规律地实现那些重大转折，就不得不从数学史中寻找灵感。数学教科书受内容容量的限制，不可能详细地再现每一个公式、定理等的产生过程，这就容易导致小学生在数学学习中产生错觉，似乎数学家们能够轻而易举地从定理推到定理，数学家们能够克服任何困难。并且课本上字斟句酌的叙述，不能反映数学家们艰难的探索过程，所有这些对于培养真正富有创造力的数学家和引导小学生深度理解数学问题都是极其不利的。而讲授数学史恰恰能够克服上述弊端。这是因为数学史能够详细地阐释每一个重大数学发现的完整过程，使学生从数学问题入手，并把与之相关的数学问题都有机地嵌入，确保了学生深入理解数学知识的整体性。更重要的是，数学史还可以让学生看到数学家们创造历史的真实。为此，我们项目组重视数学史的挖掘。比如，在数学文化教育中讲解数学家的名言和故事，让祖冲之、陈景润、华罗庚、高斯、笛卡尔等数学大师成为同学们经常讨论和崇拜的人物；介绍一些关于数学的历史知识，并将其中涉及的重要人物和图片等有关史料呈现在学生的面前，通过多种途径让学生了解数学的丰富和神奇。同时，再现数学家发现或提出数学命题、定理和理论的锲而不舍的心路历程。比如，笛卡尔为解析几何的创立思索了 19 年；陈景润为“1＋1”奋斗了 30 多年；费马问题经历了众多著名学者长达 300 多年的探讨；四色问题提出 100 多年后才解决；欧氏平行公理的独立性问题、正多边形的尺规作图（或圆的等分）问题都经历了 2000 多年的探索；仅仅一个圆周率 π，几千年来有多少人去探索它，直到 19 世纪后半叶才弄明白，原来它不仅是无理数，而且是超越数；等等。① 同时，项目组还重视中国传统数学文化的挖掘，特别是从中国古代灿烂辉煌的数学成就中进一步提炼，展现了我国传统数学注重实用性和对算法深度研究的一面。另外，还可以结合我国社会文化历史背景，例如，从《九章算术》中节选部分内容，编入九九乘法表的发现以及列方程解应用题等课程设计，对激发学生学习兴趣、加强数学应用等方面起到了良好作用。总之，数学教育中注意挖掘数学史的教育价值，对学生数学创造能力的培养很有价值。

（二）数学与生活

数学与生活密不可分，数学来源于生活，又应用于生活。生活中处处有

---

① 参见铁微：《数学文化在数学教育中的作用和地位》，吉林大学硕士学位论文，2009 年。

数学，时时有数学，著名的数学家华罗庚教授曾说：宇宙之大，粒子之微，火箭之速，化工之巧，地球之变，生物之谜，日月之繁，无处不用到数学。数学与生活的关系，是学生可以直观感受的。我们项目组主要从日常生活、学校生活、社会生活、娱乐生活、职业生活、经济生活六个方面进行数学文化链接，为教师教学提供抓手，让学生感悟数学与生活的关系。在教学实践上主要体现为问题情景的创设、任务的开展、综合与实践的运用等。

（三）数学与科技

数学是科技发展的基础，科技是数学的应用。数学为科技的发展提供了理论基础和方法论，而科技将数学研究应用于实际的生产，推动社会的发展进步。例如计算机科学需要数学中的离散数学、数论等知识，才能实现计算机的编程。物理学需要数学中的微积分、概率等知识，才能研究物理现象。同时，科技的发展也促进了数学的发展。如计算机科学的发展促进数学计算、图论、数论等的发展。数学与科技是相互依存、相互促进的。为此，项目组主要从地球科学、物质科学、高新科技三个方面进行数学文化融入。

（四）数学与人文艺术

人们普遍重视数学教育的工具价值，即强化数学的运算能力、逻辑推理能力的培养，以及“思维训练”，而忽视借助数学文化教育对小学生世界观、行为方式、道德规范等的培养。事实上，数学思维不单单是弄懂数量关系、空间形式，还是一种对待现实事物的独特的态度，是一种研究事物和现象的方法，等等。同时，数学语言的简约性能够培养学生做事简洁和高效的优良习惯；数学推理的严谨性、结论的确定性，不仅能够有效培养学生良好的判断能力和批判意识，还能够养成小学生求真求实的做事风格。因此，在嵌入数学文化教育的过程中，要充分彰显数学中的人文性。美国教育心理学家戴维·奥苏伯尔（D. Ausubel）曾指出，学生的认知结构是从教材的知识结构转化而来的。因此，小学数学教学应适当凸显数学的应用性和趣味性，注重数学与其他学科之间的联系，体现数学美，渗透数学的精神、思想、方法等。因此，在数学文化教育的课程内容设计上，要充分挖掘其蕴含的育人价值。现代数学教学论强调数学教学不但要注重科学性，还要注重人文性和艺术性。数学美在数学文化中占据重要的地位，数学艺术性是数学文化外延的一部分，而数学的“美”则是数学艺术性的核心。我国著名数学家华罗庚说过：“就数学本身而言，是壮丽多彩、千姿百态、引人入胜的……认为数学枯燥乏味的人，只是看到了数学的严谨性，而没有体会出数学的内在美。”① 数学家徐利治说：“作为科学语言的数学，具有一般语言文字与艺术所共有的美的特点，即数学在其内容结构上和方法上也都具有自身的某种美，即所谓数学美。”② 庄子曾经说过：“判天地之美，析万物之理。”（《庄子·天下》）这句话直接点出了我国数学研究的思想原则及最高美学原则。随着持续不断地对数学进行研究，我们逐渐揭开与数学不同但是又与数学密切相连的两个领域——科学和艺术。它们的联系是必然的，也是天然的。

数学与音乐有着不可分割的关系。法国数学家傅立叶证明了所有的声音，无论是噪音还是仪器发出的声音，无论是复杂的还是简单的声音，都可以用数学方式进行全面的描述。数学中的黄金分割在音乐中也有充分的体现和应用。“华罗庚教授用黄金优选方法找出了琵琶最优美动听的声音产生在弦长的1/12处；许多著名的音乐作品分析显示，音乐高潮部分在黄金分割点附近出现，位于结构中点偏后的位置最符合人的审美需要，常能产生摄人心魄的艺术效果。”③

数学与美术的关系更是直接和多元的，离开数学的美术是不可想象的，数量、形状和结构是数学研究的内容，也是美术绘画所要表现的对象，它们将数学与美术联系在一起。可以说，渗透了数学内容的美术作品更具有感染力，更能给人舒适、愉悦的感受。将三维空间的物象真实生动地表现在二维的画纸上是绘画的基本功——素描。通过对物象的形体结构、比例关系、明暗变化等因素的观察综合表现物象则需要透视理论。透视是制造绘画空间感、立体感的主要手段，将平面视觉提升为三维，很大程度上决定了作品“型”的准确性。黄金分割法在美术中表现得更加淋漓尽致，更凸显了美术学科的学科属性。如绘画颜料的黄金配比能够使色泽更自然，绘画布局中黄金分割处的亮点能够突出画的鲜活，雕塑结构的黄金比例使作品更美丽……④

“数学与文学的同一性来源于人类两种基本思维方式——艺术思维与科学

---

① 转引自邓炜：《好课之“好”》，《小学数学教育》2021年第8期。

② 徐利治、王前：《数学与思维》，湖南教育出版社1990年版，第108～109页。

③ 袁缘：《数学文化与人类文明——数学文化与数学教育的研究与思考》，吉林大学博士学位论文，2013年，第27页。

④ 参见袁缘：《数学文化与人类文明——数学文化与数学教育的研究与思考》，吉林大学博士学位论文，2013年，第27页。

思维的同一性。”① 文学是以感觉经验的形式传达人类理性思维的成果，而数学则是以理性思维的形式描述人类的感觉经验。文学与数学的统一归根结底是符号上的统一，数学揭示的是隐秘的物质世界运动规律的符号体系，而文学则是揭示隐秘的精神世界的符号体系。② 数学语言中的量与序的概念和文字的结合能产生无穷的文学魅力，深化时空意境，使得文学作品更加引人入胜。例如“飞流直下三千尺，疑是银河落九天”，借助数字表现出对高度的艺术夸张；“千山鸟飞绝，万径人踪灭”，用数字体现鲜明的对比并相互衬托。

（五）数学思想方法

小学数学思想方法主要是指对小学数学知识本质的认识，从方法论的角度掌握小学数学中分析问题、思考问题、解决问题的方法。它是以具体数学内容为载体，又高于具体数学内容的一种普适的指导思想和方法，具有普遍性和稳定性。数学思想方法是数学的灵魂，是数学内容和数学方法的升华与结晶。数学教育的意义并不只是要教会学生数学知识，而是重在培养学生的思维习惯，提高学生的数学文化修养。对于数学中的每一个概念、定理和公式等，我们都从其产生的背景以及产生时遇到的困难和解决的思路等方面引导小学生学习，这有助于小学生更好地理解数学问题。如果将其置于一种广阔的文化背景下，在教学内容的处理上采取低要求的形式，把诸多重要概念简单化，忽略了把教学的本质内容——数学思想方法传授给学生，其产生的结果是会使学生感到数学课枯燥而又无用，许多结论只知其然而不知其所以然。

因此，在小学数学教育教学中教师要有意识地向学生渗透相关的数学思想方法，让学生领悟数学的真谛，感受数学的价值，学会用数学的眼光观察世界，用数学思想方法分析和解决问题。在小学阶段常用的数学思想方法有数形结合、一一对应、等量代换、类比、分类讨论、模型思想、函数思想、极限思想、转化思想等。

总之，数学文化的外延可以理解为数学史、数学与生活、数学与科技、数学与人文、数学思想方法、数学游戏、数学精神等。这样的外延阐述能帮助我们更好地理解数学文化，能帮助一线教师更好地将数学文化理论与实践

---

① 袁缘：《数学文化与人类文明——数学文化与数学教育的研究与思考》，吉林大学博士学位论文，2013 年，第 28～29 页。

② 参见易南轩：《数学美拾趣》，科学出版社 2004 年版，第 18 页。

相结合，将数学文化资源融入数学教育。

第二节　数学文化的特征与价值

数学文化作为人类文化的组成部分，除了具有人类文化的特征和属性外，还有自己独有的特征和价值。

一、数学文化的特征

教育部颁布的《普通高中数学课程标准（实验）》前言部分“课程的基本理念”第8条就是“体现数学的文化价值”，指出数学是人类文化的重要组成部分，并提倡在高中数学课程内容中体现数学的文化价值，并在适当的内容中提出对数学文化的学习要求。

李大潜院士在《数学文化小丛书》序中说道：“学好数学，不等于拼命做习题、背公式，而是要着重领会数学的思想方法和精神实质，了解数学在人类文明发展中所起的关键作用，自觉地接受数学文化的熏陶。只有这样，才能从根本上体现素质教育的要求，并为全民族思想文化素质的提高夯实基础。”①

数学文化与其他文化的区别就在于它是一种具有科学特质的文化，同时，它的产生无不体现人们理性的一面。数学文化的特征主要表现在以下几个方面：

（一）数学文化具有基础性

数学文化具有基础性，这是人们经过长期历史发展得出来的结论，它的基础性首先体现在它可以很好地传播人类各个时期所形成的数学文化思想。②在古代，人们受数学传播的启发和影响，开始传播其他文化。例如古印度与中国的交流除了佛教文化外，还包含了数学文化以及天文地理知识的传播，在传播的过程中，数学文化以一种独特的思维体系记录和保留了人类在这个

① 李大潜主编：《数学文化小丛书》（第一辑），高等教育出版社2007年版，总序第1页。
② 参见黄秦安：《数学哲学与数学文化》，陕西师范大学出版社1990年版，第142页。

时期的发展状态。[①]

随着互联网时代的到来以及电子计算机的广泛应用，数学和语言文字的作用更加凸显，数学文化的地位达到了最高峰。数学文化的基础性还表现在以下几个方面：

第一，数学文化中包含了很多特殊的语言形式，如符号语言、图形语言和文字语言等。因此，我们可以认为数学文化能将人类的思想通过特殊的符号语言传播出去。数学这一特有的符号化语言变得跟音乐和绘画一样，没有国界，跨越了种族，逐渐被世界所接受，慢慢成为一种国际化语言。[②]

第二，数学文化是所有文化中思想最为深刻的一种文化。世间万物都是辩证的，数学文化最能准确并且客观地体现辩证关系，如有限与无限的辩证关系等。

第三，数学文化是所有文化中最能体现人的创造性的一种文化。数学文化对培养人的创造性思维和理性思维有突出贡献。

（二）数学文化的发展是历史发展的必然

数学文化是随着人类历史的发展而不断发展的，无论是哪个阶段都留下了人类文明的足迹。[③] 同时，在不断发展变化中留下了历史性的烙印。公元前的古希腊数学，随着社会的不断发展，逐步成为一门独立的学科。“其发展与其整体上的经济繁荣是相适应的，同时受到古希腊哲学的直接影响。”[④] 君王统治时期产生的是为统治阶级服务的数学文化，如“天文历法数学”这些新生事物的产生都与当时的社会历史背景相关，是社会发展到一定阶段的产物。即便在高速发展的今天，数学的教育仍然是围绕当今社会历史的发展而不断发展变化。因此，在数学教育中给学生渗透数学史，对于激发学生兴趣、培养学生创造新生事物和探索未知世界的能力，让学生充分体会知识是活的，真正开发学生的思维，同时感受数学文化的人文关怀和价值，就显得尤为重要。

---

① 参见张维忠：《数学文化与数学课程》，上海教育出版社 1999 年版，第 156 页。

② 参见骆洪才等：《析数学文化及其教育性》，《衡阳师范学院学报》（自然科学版）2001 年第 3 期。

③ 参见年仁德：《论数学文化的特征》，《广西右江民族师专学报》2002 年第 3 期。

④ 游安军等：《数学与文化：一个新认识》，《曲阜师范大学学报》（自然科学版）1999 年第 4 期。

（三）数学文化具有在一定的历史时期内相对稳定且持续发展的特征

综观整个数学发展史，我们发现，纵然有很多观念在逐步更新，但很多基本知识在一定的时期内仍保持着相对不变的情况。例如，欧氏几何自诞生之日起就有人不断怀疑第五公设，然而历经两千多年的尝试推翻终以失败而告终，这种情况一直持续到非欧几何的产生。欧氏几何虽不完美，但却成为两千多年以来相对稳定的权威。显而易见，这是因为数学文化的相对稳定性。

再来看其他科学，一代人的看法通常会被另一代人推翻，比如我们熟悉的物理实验中著名的自由落体运动。亚里士多德曾断定：两个不同重量的物体从相同的高度同时落下，较重的物体会先落地。人们一度将此说法视为真理，直到伽利略通过实验断定：同高度的两个不同重量的物体将同时落地。从而彻底推翻了延续两千多年的错误观点。然而，不管历史如何发展和变革，很多数学的观念都是从一个旧知识到一个新知识，从而不断地扩充原有的知识体系，使一个知识演变出另外一个知识，一个体系演变成两个甚至是更多的知识体系，使数学这个知识体系越来越完善，越来越完整。①

（四）数学文化具有超前性

数学是由实践总结而来的，它能总结人类长期以来形成的解决问题的思维成果，这种思维成果能解决未来我们可能会遇见的各种问题。因此，我们说数学具有提前开发性以及超前性。可以理解为，数学能很好地对未来进行有效的调控和指导。②

在现实生活中，应用可以引出许许多多的数学问题，这些问题虽然不起源于应用，也不立刻应用，但是却往往能被应用到，数学家的预见性能得到充分的体现。“数学家用理智去预见未来，用数学公式去预见未来。”③

二、数学文化的价值

（一）数学文化的教育价值

数学是人类进步的基石，是人类在发展过程中形成的先进文化；数学还

① 参见年仁德：《论数学文化的特征》，《广西右江民族师专学报》2002 年第 3 期。

② 参见年仁德：《论数学文化的特征》，《广西右江民族师专学报》2002 年第 3 期。

③ 张楚廷：《数学文化》，高等教育出版社 2000 年版，第 7 页。

是人类不可或缺的工具，是人类最宝贵的精神财富。数学已经成为人类科学与社会科学连接的纽带。在科学技术高速发展的今天，数学展现了前所未有的风采和力量，已经成为全世界人类的宝贵财富。因此，我们可以说："数学文化在数学教育中具有不可估量的作用，是一把能让人类真正理解数学的钥匙。"① 我们来看几个国外体现数学文化教育价值的例子。

古希腊哲学家柏拉图创办了"柏拉图学园"，大门上书写"不懂几何者不得入内"。他的学园内经常开展一些探讨社会、政治等方面问题的活动，他要求学员必须认真学习关于几何的知识，没有经过严格数学训练的学员很难学习他开设的课程。数学的教育价值在柏拉图身上得到了完美的阐释。

英国的律师要想在律师界站稳脚跟必须学习很多高深的数学知识。这是为什么呢？因为很多有经验的律师都知道，只有经过严格的数学训练之后，才能养成一系列作为律师所应该具有的认真仔细、思维缜密等品格，才能在律师行业取得认可。这个例子告诉我们，英国已经意识到数学在培养高知人才方面起到的关键作用。

美国西点军校是誉满全球的培养高级将领的院校，凡是院校中的人才都要学习一系列数学方面的课程，经过一系列严格的数学训练的人才，才能充分在作战中发挥灵活机智的品质，将作战能力提升至最大化。

日本数学教育家米山国藏通过大量的研究发现一个共性的事实：虽然学生在校期间学习到的大量的数学知识都会被遗忘或者很难有机会用到，但是不管将来他们从事什么样的职业或从事什么行业的工作，他们在学生时期通过大量数学训练所拥有的数学思想、思维方式或解决问题的方法，都在他们以后的工作和生活中起了非常重要的作用。

上述典型事例可以充分说明，数学文化在培养人才以及提高人们的职业素养和增强人们的综合能力等方面，具有非常高的价值和深远的意义。

（二）数学文化的科学价值

首先，数学是科学的本质，数学是世界的描述形式，数学是科学的"皇后"。科学具有严谨性和逻辑性，而数学文化则可以很好地为其提供理论支持。其次，数学文化可以提供科学的方法，数学方法具有一整套完整的科学方法。通常我们判断一门学科是否完善，主要看这门学科有没有严格的科学

① 朱焕桃：《数学文化融入高职数学教学的研究与实践》，中国纺织出版社 2019 年版，第 12 页。

体系，而要想将这门学科从经验型知识快速上升为理论知识，无不需要通过数学文化知识的帮助。最后，数学文化帮助其他学科建立检验标准，因为数学结论的可靠性，所以它成为其他学科检验的标准及手段。

（三）数学文化的人文价值

数学作为一门学科，已经成为所有学科当中开设时间最长的学科。前面提到的“柏拉图学园”说明，那个时期的人们已经将数学文化的学习和教育学生如何做人联系起来。在漫长的发展岁月里，数学教育在人们世界观、人生观、价值观形成过程中起了重要作用，也更加接近人文学。因此，我们可以这么认为，数学文化的学习能够影响和提高人的审美能力。

古希腊哲学家、数学家普洛克拉斯（Proclus）断言：“哪里有数，哪里就有美。”开普勒也说：“数学是这个世界之美的原型。”数学文化的美可以说是构成数学文化的重要内容，数学的美追求的是井然有序和协调统一，而学习数学文化，人们可以将美学与科学融合，在体会数学本身所释放出的精神美的同时，科学的审美观也得到进一步发展。

（四）数学文化在小学教育中的独特价值

数学文化教育作为小学数学教育的有机组成部分，如果能充分地利用，不仅能够促进学生数学核心素养的形成，还能够完善学生人格，更重要的是，还能够有效激发学生的数学兴趣和求知欲，以及独立观察、思考和解决问题的积极性和主动性。正因如此，我们项目组重视数学文化强大的教育功能，借助数学文化教育引导小学生研究数学、发现数学、应用数学，从而使小学生热爱数学，培养小学生的理性精神，引导小学生深刻理解数学的价值和意义。

1. 数学文化教育有利于促进小学生深刻理解数学的本质

数学的本质就是从混沌中找出秩序，使经验升华为规律，将复杂还原为基本。从数学文化的角度引导小学生学习数学，其根本目的是引导小学生更好地理解数学的本质特征，尤其是深入理解数学的抽象性特征。苏联数学家亚历山大洛夫（A. D. Aleksandrov）说过，抽象性在简单的计算中就已经表现出来，我们运用抽象的数字，却并不打算每次都把它们同具体的对象联系起来。我们在学校学的是抽象的乘法表——总是数字的乘法表，而不是男孩的数目乘上苹果的数目，或者苹果的数目乘上苹果的价钱，等等。基于此，借助数学文化教育本意即是引导小学生理解具体事物中抽取出量的方面、属性或关系，让学生认识到在抽象数学的世界里，线没有宽度，面没有厚度，堆积的石子、成捆的树枝都可以表示数量关系。具体而言，一方面，引导小学生理解数学的确定性。数学追求一种完全确定、完全可靠的知识。它从一系列不证自明的公理出发，准确地描述将要讨论的概念和定义，经过严密的逻辑推理演绎得出准确无误的结论。正如德国著名数学家莱布尼兹（G. W. Leibniz）所言，数学之所以如此有效，之所以发展极为迅速，就是因为数学有特制的符号语言。数学语言能对科学现象和规律进行精确、简洁的描述，这是因为数学语言具有单义性、确定性，能够避免日常语言可能引起的混乱和歧义，从而保证了概念的科学性、精确性。另一方面，引导小学生深刻理解数学的简洁性。在数学中，有特有的符号语言用来描述现实世界的各种量、量与量的关系及变化，这种符号语言不仅规范、简洁，而且表述精确、表达深刻，有利于人们进行推理论证、运算求解、探寻规律。数学的简洁性首先体现在数学的语言及其逻辑的表述上。数学家们都是用最简洁明确的符号语言叙述数学中的各种复杂关系。例如，叙述复杂的交换律、结合律、分配律仅用几个字母和符号就可表达清楚。“当且仅当”“有且仅有”的精确词句也充分体现了数学的简洁和严谨。其次，数学的简洁性还体现在解决问题的方法上。如圆的面积公式给出求圆的面积的标准方法，使得圆的面积的求解和判断简单明了。逻辑中的化归法将一个非基本的问题通过分解、变形或旋转、伸缩等多种方式转化为一个熟悉的基本问题，从而求出解答，减少重复劳动，等等。数学用最简单的形式表示出最复杂的理论，简洁却不简单，充分彰显了数学的本质特征。

2. 数学文化教育有利于促进培育小学生的理性思维品质

数学的高度抽象性、概括性和严密的逻辑性决定了其在培养小学生的逻辑思维品质上具有不可替代的优势，对人的思维具有重要的训练功能。数学的这些特点就决定了小学生运用数学思维在寻求事物的本质属性、探求事物间的普遍联系、预测事物的发展趋势、把握事物的内部结构等方面具有独特的作用。通过数学文化的渗透和学习，培养小学生理性思考的方式。正是这种理性思维方式，引导小学生最终形成数学核心素养，形成理性精神，正如数学家克莱因指出的：“在最广泛的意义上说，数学是一种精神，一种理性的精神。正是这种精神，激发、促进、鼓舞和驱使人类的思维得以运用到最完善的程度，亦正是这种精神，试图决定性地影响人类的物质、道德和社会生活；试图回答有关人类自身存在提出的问题；努力去理解和控制自然；尽力去探求和确立已经获得知识的最深刻的和最完美的内涵。”① 这种数学精神的第一个要素就是对理性的追求。究其原因，数学把理性作为判断、评价和取舍的标准，并且超越直观经验通过抽象思维达到对于事物本质和普遍规律的认识。

3. 数学文化教育的渗透有利于促进学生形成正确的数学观

数学观是人们对数学的基本看法的总和，包括对数学的事实、内容、方法的认识以及对数学的科学、应用、人文和美学等诸种价值的认识。有什么样的数学价值观和态度就会有什么样的数学行为，因此，良好的数学价值观有利于培养学生的数学核心素养，有利于促进学生形成多重的、辩证的和综合的数学观。需要指出的是，数学绝不仅仅是一种工具，学习数学绝不仅仅是简单意义上的运用数学知识、解题技巧和逻辑推导得出正确答案，而是要在数学的学习中深入体验其自身具有的人文价值，只有这样，才能体会到数学的魅力和价值。综观科学史，很多划时代的科学成就的出现，背后都蕴含着数学的力量。因此，将数学置于人类的文化系统中，有助于小学生全方位、多角度地理解数学，从而形成多重、动态、辩证、综合的数学观。

4. 数学文化教育有利于提升小学生的审美能力

数学美具有科学美的所有特性，数学美随处可见，主要体现在简洁美、对称美、和谐美、逻辑美、思想美、技巧美等方面。比如，小学阶段的数字之美时刻体现：如果一个正整数等于除它以外的各个正因子的和，这个数叫作完全数，是人们心目中吉祥的象征。6 是自然数里的第一个完全数，在中国人心目中 6 代表吉祥顺利，寓意深刻；同样，意大利人将 6 视为属于爱神维纳斯的数，象征美满的婚姻。400 万以下的完全数只有 5 个：6、28、496、8128、33550336。完全数还有很多优美的性质，比如完全数可以表示为 2 的一些连续正数次幂之和，（除 6 外）可以表示成连续奇数的三次方之和……除了数字本身的魅力之外，有些数字的组合、计算也会得到意想不到的结果。“数的美妙性质令探寻的人折服；幻方、魔方神秘的美令人震颤；黄金分割使艺术家们创作出令人赞叹的作品；永无休止的莫比乌斯圈、四叶玫瑰线同样吸引着人们的目光，带给人们无尽的美的享受。”②

---

① ［美］莫里斯·克莱因，《西方文化中的数学》，张祖贵译，商务印书馆 2020 年版，第 18～19 页。

② 袁缘：《数学文化与人类文明——数学文化与数学教育的研究与思考》，吉林大学博士学位论文，2013 年，第 25 页。

第二章　数学文化教学的现状分析

数学的起源，要追溯到古希腊时期，那时候的数学，已经得到了极大的重视。柏拉图是最早研究数学的学者之一，他学园门口的“不懂几何者不得入内”更是把数学提到了重要的地位。随着西方数学家对哲学、数学史的研究，“数学文化”这一概念也随之诞生。20 世纪以来，世界各国更是倡导把数学教育与人文教育相结合。

第一节　国外数学文化教学的现状分析

克莱因是最早研究数学文化的数学家之一，1962 年，他撰写了《数学，文化修养的方法》一书，论述了数学文化的作用。此后，又陆续出版了《古今数学思想》《西方文化中的数学》等著作，对数学文化有了进一步的系统研究。他提出“数学一直是形成现代文化的主要力量，同时又是这种文化极其重要的因素”①，引起国际数学界的重视。1978 年，在国际数学大会上，法国数学家韦伊（Andre Weil）提出“数学史的根由何在”的问题，引起了数学界对数学史以及数学文化的关注和研究。现选取几个国家的数学文化教学现状进行对比分析。

一、美国

美国对数学文化的研究，最早可以追溯到教育家杜威提出的“教育即生活，学校即社会”的观点。一直以来，美国的数学教学都是开放的。以教材

---

① ［美］莫里斯·克莱因：《西方文化中的数学》，张祖贵译，商务印书馆 2020 年版，第 10 页。

为例，美国的数学教材基本分为两部分：第一部分是阅读材料，涵盖了数学概念的介绍和数学定理、运算法则的叙述；第二部分是数学问题，一般给出一段叙述性材料，通过阅读材料提出开放性、探究性的数学问题。美国的数学教材通常会有大量的探究性作业。例如，在教学长方体的表面积时，我国的教材是先学习表面积的概念，然后找出长方体的表面积，把一个长方体纸盒拆开，探究长方体六个面面积的计算方法；而美国的教材就会给出探究性作业，学生可以自己选择学习材料，小到长方体纸盒、积木，大到房子、游乐场，学生的选择五花八门，自己测量数据，设计实验，想办法得出所选长方体的表面积。这样一项作业，可能需要几天甚至几周时间才能完成。但在探究学习的过程中，学生的创新能力、实践能力都得到了提高。同时，也给了学生自由发展的空间。另外，美国的“合作学习”“探究学习”也为数学文化的发展提供了丰富的土壤。学生在自主探索的过程中，往往需要查找、阅读大量的资料、文献，并且论证自己的研究，甚至需要借助数学文化进行佐证。

美国教育的开放性还表现为各个州的教育发展状况各不相同，他们都有各自的教材和课程标准。以《直观信息》教材为例，全书都是以直观材料来引导学生进行信息分析并实践应用的。该教材中有一章为“世界统计”，里面设计了很多敏感的政治话题，如“城市化”“新生儿”等。再比如美国阿拉斯加文化数学项目，此项目最成功的一点就是将学校文化与社区文化相结合。

二、英国

英国的教育历史悠久，对世界数学发展的贡献更是功勋卓著。牛顿、泰勒、马克劳林等都是英国著名的数学家，英国的数学文化发展历史悠久。

英国的小学数学课程标准充分说明了数学文化的重要性，它提出数学应用课程的文化相关性。英国的小学数学课程标准指出世界上不同的文化对数学的发展和应用都做出了相应的贡献，数学文化已逾越了民族文化间的障碍，小学数学课程要注重培养学生解决问题的能力，要注重数学与其他学科的融合。由此可见，英国的数学文化是多元性、包容性、全球性的。

从教材上看，英国数学教材关于数学文化的内容一般在引入栏中，内容也与中国教材相似，多是一些数学史、数学与技术内容，人文艺术方面的内容较少。英国教材中的数学文化多集中在一些外国数学发展史的介绍中，本国数学史内容较少。英国教材还有大量的数学思想方法内容，比如集合、逻辑、概率、推理、归纳等。例如，英国数学教材《Practice Book（Y7A-Y9B）》就涉及了很多商业与金融业的内容，如商品的利润、折扣、汇率等。英国的数学教材还关注一些生活问题、社会问题以及数学与其他学科的联系。其实，这也与英国教育一直倡导的应用性有关。以英国的公学为例，在教学中，就多注重一些测量、操作、绘图等实用性内容。英国的数学文化更多关注学生技能的发展，如交流技能、应用技能、合作技能、IT技能、自我改进技能、动手实践技能、思维技能、财经技能等。英国的数学文化还关注学生的种族、性别、能力、残疾等方面的差异，使不同的学生都能得到不同的发展。

三、日本

日本的数学文化与中国渊源颇深。早在隋唐时期，中国的数学文化就传到了日本，《九章算术》《周髀算经》就是那时候传入日本的。后来，西方数学渐渐传入日本，因此，日本的数学文化兼顾了中西方的数学文化。

从数学教材来看，日本教材中的数学文化与中国教材相似，也是以历史、数学与现实生活、数学与科学技术、数学与人文艺术为主。

日本数学教材一般分为章头、正文、题目和阅读材料四栏，数学文化多出现在阅读材料栏中。以东京版教材为例，阅读材料多是一些数学之窗、卷末课题模块，在教科书的末尾通常会设置大篇幅的阅读材料，以拓展学生的知识面，促进数学与文化的融合。日本东京版教材与中国人教版教材都在例题、习题中引入了大量的与现实生活、现代科技相关的数学文化内容。日本东京版教材设置了帕特农神庙、维纳斯雕塑、凯旋门、金字塔等历史建筑、文物知识，以及笛卡尔、牛顿、欧几里得、毕达哥拉斯等数学家及相关数学史。值得一提的是，日本教材中的数学文化内容以西方数学史、数学家为主，鲜有日本本国数学发展的历史。

日本的《数学学习纲要》是日本数学教学的指导性文件，其中并未明确要求在教学中渗透数学思想或数学文化内容。这也就造成了日本数学文化发展的随意性和不平衡性。

日本的大街小巷遍布着无数的书店、阅览室，其中，关于数学文化的出版物众多，甚至在动漫中都渗透了很多的数学文化元素。它们以不同的形式向日本民众传递着数学的文化价值，这也是日本的数学文化不同于其他国家的一点，可以说，日本数学文化教育的受众程度是非常高的。正如日本数学家米山国藏曾经说过的，“学生在初中或高中所学的数学知识，通常出校门一两年就忘掉了，不过，不管他们从事什么业务工作，惟有深深地铭刻于头脑中的数学精神、数学思维方法、研究方法、推理方法和着眼点等，都随时随地发生作用，使他（她）受益终生”①，这可以说是对数学文化的最精彩的诠释。

四、俄罗斯

早在 17 世纪，俄罗斯就把数学作为小学教育的一门基础学科。从 1922 年苏联成立一直到 20 世纪 50 年代，苏联的中小学教材以及教学模式几乎一成不变。20 世纪 50 年代末至 80 年代，苏联的教育经过了一系列的变革，以逐渐适应经济增长与科技发展的需要。苏联的数学教育注重学生的计算能力和空间观念的发展，几何教学更受到重视。

苏联属于集权制国家，基础教育实行统一教材、统一大纲、统一模式。1991 年，苏联解体，“俄罗斯的数学教育开始从行政命令和强权思想中解放出来”②，数学教育从教材编排、教学体制、教学模式方面都开始走上多样化、个性化发展之路。1993 年，俄罗斯联邦教育部颁发了新的国家数学教育标准，此外，还编写了莫斯科数学教育标准，这也是当时应用最广泛的两套课程标准。

俄罗斯的数学教材注重本土文化与数学文化的融合。以俄罗斯联邦教育部推荐的彼捷尔松主编的小学数学教科书为例，教材中涉及了很多俄罗斯的节日，如复活节、圣诞节、胜利日等。此外，教材中还出现了一些俄罗斯的历史大事，如在俄罗斯历史上很有影响力的著名战役等。这些本土文化与数学文化融合的案例，可以让学生更好地了解本国的民俗文化、风土人情，并以此培养学生深厚的爱国主义情感。

俄罗斯的数学教学依然遵循苏联注重几何教育的原则，在教材中渗透了大量的几何发展史、俄罗斯数学家在几何发展中的作用、几何和艺术、几何和实践活动、几何和现代科学的教育等。可以说，在俄罗斯的几何教学中，数学文化几乎无孔不入。

俄罗斯的数学教育各种思想争论非常激烈，但实施起来却相对谨慎，数

① ［日］米山国藏：《数学的精神、思想和方法》，毛正中、吴素华译，四川教育出版社 1986 年版，第 100 页。

② 徐乃楠、孔凡哲、史宁中：《俄罗斯高中数学教科书研究及启示》，《长春师范学院学报》（自然科学版）2014 年第 12 期。

学文化在数学教育中一直处于重要的地位。

综合以上四国数学文化教学现状，可以看出各国在教材的设置、课程标准的设置方面都对数学文化给予了一定的规范性、操作性指导，这与我国的数学文化发展有异曲同工之妙。

第二节　国内数学文化教学的现状分析

“数学是人类文化的重要组成部分。”随着我国新课程改革的不断深入，以及《义务教育数学课程标准（2022 年版）》的发行，这一理念逐渐根植于广大教育工作者的心中，并应用于教学实践。数学教学已从单纯的数字计算、概念讲解、知识应用向多元性、知识性、文化性发展。

一、数学文化在小学数学教材中的应用情况分析

《义务教育数学课程标准（2022 年版）》把小学数学分为“数与代数”“图形与几何”“统计与概率”“综合与实践”四大版块。数学文化在这四大版块中又各有侧重。“数与代数”版块主要介绍一些数学史知识，以发展学生的数感、符号意识、数据意识以及运算能力。“图形与几何”版块则多通过生活中的数学、数学游戏、数学家的故事，介绍一些数学思想方法、数学与科技知识，来丰富学生的数学文化意识，发展学生的量感、空间观念、抽象能力以及几何直观能力。“统计与概率”版块则主要介绍一些生活中的数学知识以及数学史、数学家的故事，以培养学生的推理意识、推理能力、符号意识和抽象能力。“综合与实践”版块多安排在每一册的“数学广角”部分，主要通过推理、归纳、应用，发展学生的创新意识和推理能力。这也正好与《义务教育数学课程标准（2022 年版）》所倡导的数学课程要培养学生的核心素养相契合。[①] 目前，我国的小学数学教材呈现“一标多本”的现象，小学数学教材主要有以下出版社出版的版本：人民教育出版社、江苏教育出版社、北京师范大学出版社、西南师范大学出版社、青岛教育出版社（以下简称“人教

① 参见中华人民共和国教育部：《义务教育数学课程标准（2022 版）》，北京师范大学出版社 2022 年版，第 5 页。

版”“苏教版”“北师大版”“西南师大版”“青岛版”）等。但不管哪种版本，都遵循了课程标准提出的把数学文化作为教材的组成部分这一理念，都把数学文化的内容渗透在整套教材中。

（一）数学文化在人教版小学数学教材中的渗透

人教版小学数学教材通过“你知道吗?”“生活中的数学”“数学游戏”“数学广角”等形式渗透了数学文化。其中，依据学生的年龄特点和认知特征，在不同学段又各有侧重。第一学段（小学 1～2 年级），学生以形象思维为主，数学文化在教材中多以图画的形式呈现，并加以简单的文字说明；内容也多以日常生活、数学故事、数学游戏为主；教学形式也多是通过数方格、摆卡片、涂颜色、讲故事等形式来初步感知数学文化。第二学段（小学 3～4 年级），学生的抽象思维能力有了一定的发展，也积累了一定的生活经验，数学文化则侧重于“数学史、数学家、数学与科技、数学与生活”，同时，也体现了数学素养与学生审美能力的培养。例如，教材在“轴对称”这一教学内容中，通过大量的图片来引导学生欣赏生活中的轴对称，尤其侧重了古代建筑中的对称图形，从而向学生渗透古典艺术教育及审美教育。第三学段（小学 5～6 年级），学生已具备了一定的思考问题与解决问题的能力，在这一阶段的数学文化则以数学思想方法、应用意识与创新意识为主。比如植树问题，通过棵数与间隔数的关系，使学生体会和理解一一对应的数学思想。同时，数学文化在各学段的呈现又是互相联系的，这也体现了数学学习的一致性。比如，教材对多边形面积的教学，贯穿第二学段至第三学段四学年的学习，先通过数方格引出长方形的面积公式，进而逐步推导出正方形的面积公式—平行四边形的面积公式—三角形的面积公式—梯形的面积公式—圆形的面积公式，逐步向学生渗透了转化的数学思想。整个教材体系的编排呈现螺旋上升的方式，对学生数学思想的培养也是层层递进，润物无声。

“你知道吗?”“生活中的数学”“数学游戏”“数学广角”四个版块的设计各有侧重，又互相联系。“你知道吗?”着重介绍一些数学史、数学背景、数学故事，如“曹冲称象”的故事、“地球的自转与公转”、“神奇的莫比乌斯带”、“田忌赛马”的故事、“祖冲之与圆周率”、“韦恩图”等，这些数学知识与数学故事都是通过这一版块呈现的。“生活中的数学”主要介绍一些与生活密切相关的数学知识，如“平行与垂直”“生活中的轴对称”“绿色出行”“生活中的三角形”等，让学生真切地感受到了数学与生活的联系，也体现了课程标准中“处处有数学”的理念。“数学游戏”则通过丰富多彩的游戏的形式，来体现数学的趣味性，使枯燥的数学知识更加生动、活泼，如“24点游戏”“摸球游戏（可能性）”“摸珠子（100以内数的认识）”“七巧板游戏”等，这也是小学生最喜欢的一部分数学内容。“数学广角”则主要渗透一些数学思想与方法，如“鸡兔同笼”“找次品”“鸽巢原理”“搭配”“植树问题”“数与形”等，这一版块的设计无疑是对学生数学思维的升华与提高，对提升学生的逻辑思维能力、抽象概括能力、推理能力都有很大的帮助。当然，这也是整个小学阶段最难理解的一部分内容。四个版块的设计，各有不同，而又互相联系、互相补充。数学的文化性、思想性也得到了很好的体现。

除了以上四个显性的教学模块，数学教材还重视对学生数学思想与方法的渗透。比如，通过“祖冲之和他的圆周率”，向学生渗透了严谨、勇于探索的数学品质；“用字母表示加法交换律、加法结合律、乘法交换律、乘法结合律、乘法分配律”等运算定律以及“长方形的面积、圆的周长和面积、圆柱的体积”等数学公式，带领学生体会数学的简洁美；通过“轴对称图形、中心对称图形”，让学生体会生活中的对称美；通过古老的数学问题——“鸡兔同笼”，让学生体会中国数学的博大精深；等等。所以说数学文化在教材中的呈现，其意义不仅仅在于数学知识的学习，更是数学思想的渗透，以及学生爱国主义品质的培养。

现以人教版教材（4～6年级）为例，综合分析数学文化与发展学生核心素养的关系（见表2-1至表2-4）。

表2-1 “你知道吗?”在教材中的应用

	内容	数学文化知识范畴	核心素养
四年级上册	1亿有多大	数学与生活	数感
	三位分级读法	数学史	数感
	数的产生	数学史	数据意识
	计数工具的演变史	数学史	符号意识
	计算工具的应用	数学与科技	空间观念
	亩的应用	数学与生活	量感
	意大利算术法“格子乘法”	数学史	运算能力
四年级下册	括号的来历	数学史	符号意识
	刘徽和他的“小数说”	数学家与数学史	数据意识

续表

	内容	数学文化知识范畴	核心素养
五年级上册	什么是“数字黑洞”	数学史	数感
	《九章算术》中的方程	数学史	符号意识
	《九章算术》中的方田章	数学史	几何直观
	刘徽的“出入相补”原理	数学史	几何直观
五年级下册	完全数	数学史	数感
	哥德巴赫猜想	数学家	创新意识
	几何学和欧几里得	数学史	几何直观
	《九章算术》中的立体图形计算公式	数学史	推理能力
	分解质因数	数学方法	运算能力
	利用分解质因数求最大公因数	数学方法	运算能力
	《九章算术》中的“约分术”	数学史	运算能力
	利用分解质因数求最小公倍数	数学方法	运算能力
	最简分数能化有限小数吗?	数学方法	推理能力
	生活中的平移、旋转与对称	数学与艺术	美感
六年级上册	《庄子·天下》篇	数学史	推理意识
	音谱与分数	数学与人文艺术	美感
	黄金比	数学与人文艺术	美感
	祖冲之与圆周率	数学家	创新意识
	刘徽的“割圆术”	数学史	创新意识
	恩格尔系数	数学与经济	数据意识
	杨辉三角形	数学史	推理能力
六年级下册	负数的发展历史	数学史	数感
	千分数以及万分数	数学小常识	数感
	圆柱与容球	数学家、数学思想	空间观念
	抽屉原理	数学史	推理能力
	七桥问题	古老的数学问题	推理意识

表 2-2　“生活中的数学”在教材中的应用

	内容	数学文化知识范畴	核心素养
四年级下册	建筑中的“对称美”	数学与生活	美感
	生活中的条形统计图	数学与经济	符号意识
	营养午餐	数学与生活	数据意识
五年级上册	生活中的可能性	数学与生活	推理意识
五年级下册	生活中的单双号	数学与生活	数感
	乘飞机的行李尺寸规定	数学与生活	数据意识
	生活中的分数	数学与生活	数感
	打电话	数学与生活	推理能力
	保护耕地	数学与社会	几何直观
六年级上册	确定起跑线	数学与社会	数据意识
	井盖为什么是圆形	数学与生活	推理意识
	节约用水	数学与社会	数据意识
六年级下册	税率	经济与生活	数感
	蚁狮的圆锥形洞穴	数学趣题	几何直观
	反比例图像	数学思想与方法	量感
	自行车里的数学	数学常识	数据意识
	绿色出行	数学与日常生活	数据意识
	邮票中的数学问题	经济与生活	运算能力
	杠杆原理	数学思想方法	推理能力

表 2-3　“数学游戏”在教材中的应用

	内容	数学文化知识范畴	核心素养
四年级上册	神奇的莫比乌斯带	数学与科技	创新意识
	报数游戏	数学思想	数感
	汉诺塔游戏	数学思想	推理意识
四年级下册	找数游戏	数学方法	数感
五年级上册	掷一掷	游戏中的数学	数据意识
	猜数游戏	游戏中的数学	推理能力
五年级下册	探索图形	游戏中的数学	空间观念
六年级下册	七巧板游戏	游戏中的数学	几何直观
	剪大洞	游戏中的数学	空间观念

表 2-4 “数学广角”在教材中的应用

	内容	数学文化知识范畴	核心素养
四年级上册	优化思想	数学思想	推理能力
	田忌赛马策略	数学思想	创新意识
四年级下册	鸡兔同笼	数学思想	推理能力
五年级上册	植树问题	数学思想	几何直观
五年级下册	找次品	生活中的数学	推理能力
六年级上册	数与形	数学思想方法	抽象能力
六年级下册	鸽巢问题	古老的数学问题	推理能力

通过分析表 2-1 至表 2-4 可知，人教版 4～6 年级教材中，共有涉及数学文化的内容 70 处。从四大版块分布来看，“你知道吗?”有 35 处，占比 50%；“生活中的数学”有 19 处，占比 27.14%；“数学游戏”有 9 处，占比 12.86%；“数学广角”有 7 处，占比 10%。如图 2-1 所示。

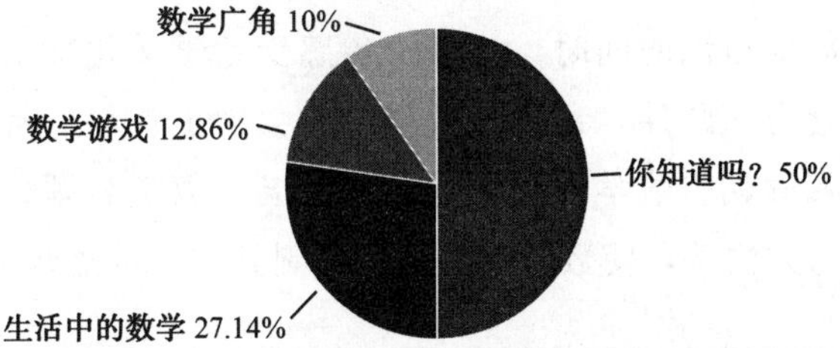

图 2-1　数学文化在四大版块中的呈现比例

从数学文化的呈现形式来看，涉及数学家及数学史的有 22 处，占比 31.43%；涉及数学与生活的有 11 处，占比 15.71%；涉及数学思想方法的有 14 处，占比 20%；涉及其他形式的共 23 处，占比 32.86%。如图 2-2 所示。

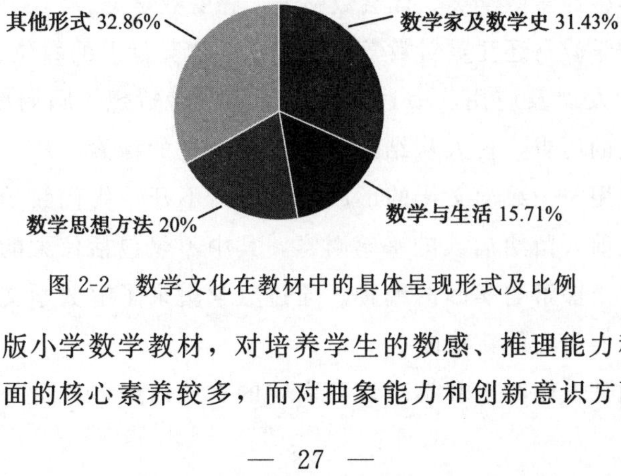

图 2-2　数学文化在教材中的具体呈现形式及比例

综观人教版小学数学教材，对培养学生的数感、推理能力和推理意识以及几何直观方面的核心素养较多，而对抽象能力和创新意识方面的核心素养的培养较少，这也是一直以来我国数学文化发展的短板所在。

（二）数学文化在青岛版小学数学教材中的渗透

青岛版教材既体现了数学的科学性与应用性，又蕴含了大量的数学文化。教材的编写充分挖掘了数学的文化内涵，展现了中国古代的数学思想与方法，通过学习数学家的精神，让学生充分了解数学的文化价值，感受丰富多彩的数学文化。

青岛版教材在每个单元都设置了“我学会了吗?”“丰收园”等栏目，在每册书的最后，还特设了“老师，我想对你说”“爸爸、妈妈我想对你说”“我想对同学说”“我想对自己说”等内容，这样，可以更好地培养学生自我反思与评价的能力，也进一步落实了数学课程的情感、态度与价值观目标，使数学的文化功能与育人功能有机结合。

在表现形式上，青岛版教材主要以章头图为载体，彰显数学文化。青岛版教材的每一章都配有“章头图”和“情境导航”，把教材点缀得格外柔美，使学生在学习数学知识的同时，能进一步感受数学文化带来的艺术享受，感受数学的文化魅力。此外，青岛版教材中的数学史资料非常丰富，内容涉及数学家的生平及成就、数学方法的起源、古老的数学名题、数学家的奇闻趣事、数学思想与方法等，使数学学习成为名副其实的传播数学文化的载体。

（三）数学文化在苏教版小学数学教材中的渗透

苏教版数学教材中大量地表现了数学的美，例如中山陵、赵州桥等著名建筑的轴对称体现了对称美，丹顶鹤飞行中呈现的人字形体现了整齐美，建筑、绘画中的黄金比体现了比例美，保持平衡的天平体现了理性美……通过不同角度让学生探索数学美、体会数学美、感受数学美。

苏教版数学教材还注重对数学史的挖掘，如算盘上的数位、闰年的来历、算筹与算盘的发展及应用、韦达定理、哥德巴赫猜想、圆周率的发展史等。数学具有悠久的历史，古人从结绳计数到无穷数的探索，从一元一次方程到高阶方程的应用……数学文化的形成和发展离不开一代代数学家的努力和探索。数学史是前人留给后人的一笔财富，其中不仅包括伟大的研究成果，更包含了这份勇于探索与实践的精神。通过数学史来了解数学文化，有利于培养学生的思维能力和创新精神。

数学思想是人们对于数学理论和内容的本质认识，揭示了数学发展的普遍规律，苏教版教材也渗透了大量的数学思想与方法。比如加法与乘法的转换思想、解决问题的策略（举例论证、图形割补等）、除法与分数的等价、正比例反比例函数等等。综合苏教版教材中的数学思想，主要包括函数思想、代换思想、统计思想、集合思想、抽象思想、模型思想、运筹思想、分类思想等。这些数学思想的渗透，指引着学生的学习方向，培养了学生的数学思维方式，提高了学生的数学素养。

此外，苏教版数学教材还渗透了大量的数学与生活、数学与经济的相关知识，可以说，数学文化在苏教版教材中占据了大量的比例，使数学变得更加有血有肉。

综上所述，数学文化在人教版、青岛版、苏教版中的设置栏目非常相似，只是在名称上有所差别。在这三版教材中，数学文化的内容也多以数学史、数学与现实生活、数学与科学技术、数学与人文艺术四大类为主，也都注重了数学思想方法的渗透。三版教材中的数学文化内容都非常丰富，数学的文化性都得到了充分体现。

（四）数学文化在教材编排中的不足

数学文化在教材的编排中，存在一定的不足，主要体现在以下三个方面：

一是现行小学数学教材基于数学文化的教学内容多是零星的、碎片化的，缺乏完整的数学文化体系。数学文化的内容来源形式多为教材，教师很少主动搜集或指导学生搜集数学文化内容，这就造成了学生知识学习的单一性、片面性，难以让学生全面地了解数学文化的内容及其内涵。

二是数学知识涉及面窄，重史料，轻内涵。数学教材中呈现了大量的数学史知识，多以我国古代数学史为主，这样可以使学生进一步了解我国的数学发展史，感受我国博大精深的数学文化，有利于学生爱国主义品质的培养。但是，世界领域内数学发展史的介绍相对较少，不利于拓宽学生的知识面、开阔学生的国际视野。另外，数学史料的介绍大多停留在史料本身，多讲是什么，而少讲为什么。数学史的教学，应更注重其内涵，以进一步提高数学的文化品位与价值。

三是数学文化的呈现形式单一。在教材中，数学文化主要通过阅读材料的形式呈现，缺乏实践性、探究性的数学文化设计。数学文化的渗透更多的是流于形式，实效性不高。数学文化的内容在教材中几乎都是简单的移植和嫁接，教师在教学中无法实施。为此，“要提高数学文化融入数学教材的层次，在数学文化视野中进行数学教材的空间设计，充分挖掘隐藏在知识背后的数学思想方法、数学思维方式和数学理性精神”①。

二、教师对数学文化的认识及应用情况分析

（一）问卷调查基本情况

近年来，随着各级各类教育主管部门对数学文化的重视，以及现行课程标准的实施，教师对数学文化也越来越重视。现通过对济南市历城区小学数学教师进行问卷调查的形式进行分析。本次调查共发放调查问卷 174 份，收回有效问卷 167 份。调查问卷内容如下：

（1）你对数学文化了解吗？

（2）在教学中，你是否会主动渗透数学文化内容？

（3）你参加过学校或其他教育部门组织的数学文化论坛或数学文化交流活动吗？

（4）你认为，在教学中，对学生进行数学文化教育对学生以后的数学学习及数学思维的形成有影响吗？

（5）在教学中，你更侧重于哪一方面的数学文化内容？（可多选）

A. 数学故事　B. 数学史　C. 数学游戏　D. 数学家

E. 生活中的数学　F. 数学游戏　G. 其他________

（6）你认为学生最喜欢哪一方面的数学文化？（可多选）

A. 数学故事　B. 数学史　C. 数学游戏　D. 数学家

E. 生活中的数学　F. 数学游戏　G. 其他________

（7）你认为数学文化对学生哪一方面的影响最大？（可多选）

A. 学习兴趣　B. 创新精神　C. 应用意识　D. 德育教育

E. 审美教育　F. 个性品质　G. 其他________

（8）你认为影响数学文化在教学中的发展因素有哪些？（可多选）

A. 固有的教学习惯　B. 必要的教育资源　C. 有效的评价方式

D. 学校领导的重视与支持程度　E. 教学内容的制约与影响

F. 其他________

（9）你会利用教学中的“你知道吗？”“生活中的数学”“数学游戏”“数

① 聂艳军：《数学文化视角下教材空间设计的实践》，《教学与管理》2014 年第 4 期。

学广角”“数学思考”等内容对学生进行数学文化教育吗？

（10）你会指导学生进行数学综合实践探究吗？

（11）你会指导学生阅读与数学文化有关的课外读物吗？

（12）你会主动搜集并向学生介绍数学文化知识吗？

（13）你在讲授数学概念、定理、法则的时候，会向学生介绍其来历和知识背景吗？

（14）你认为现行教材对数学文化的设计有哪些不足？

（二）问卷调查情况分析

通过对收回的167份调查问卷进行综合分析可知，有97.10％的教师了解数学文化，95.80％的教师曾经在自己的课堂教学中对学生进行过数学文化的教育和指导，94.30％的教师参加过学校或上级教育部门组织的数学文化论坛或数学文化交流活动，89.80％的教师认为数学文化教育对小学生的数学发展有积极的影响，46.71％的教师喜欢给学生讲解数学故事或进行数学游戏，57.49％的教师喜欢给学生讲解中外数学史，52.10％的教师会指导学生阅读数学家的故事，33.54％的教师会指导学生进行数学综合实践活动，85.63％的教师认为数学文化对学生的数学学习兴趣有积极的影响，76.05％的教师认为数学文化有利于提高学生的创新意识，89.22％的教师认为数学文化是对学生渗透德育教育的有效途径，56.89％的教师认为数学文化有助于提高学生的数学应用意识，28.14％的教师认为固有的教学习惯影响了数学文化在教学中的发展，51.49％的教师认为现有的教育资源对数学文化在教学中的应用影响较大，55.69％的教师认为现行评价制度对数学文化在教学中的影响较大，40.72％的教师认为领导的重视以及支持是影响数学文化在教学中的发展的关键因素。

通过分析调查问卷可以看出，一线教师普遍认可数学文化在教学中的应用，并愿意在教学中向学生渗透数学文化教育，也认可数学文化在教学以及学生数学发展中的积极作用。但受多年教学习惯以及评价制度的影响，尤其是受依然存在的成绩评价方式的影响，教师不敢尝试新的教学变革。同时，也受教学内容及教学时间的限制，教师害怕完不成教学任务从而影响学生的学习成绩。此外，领导的重视程度以及导向作用也是影响数学文化在教学中发展的主要因素。

（三）存在问题情况分析

张奠宙教授指出：“教师应该深入理解数学文化的内涵和外延，要将数学文化要素与数学教材相结合，从而使数学教学内容的呈现更加丰富和有趣，在课堂教学中，教师对数学文化的有意识渗透，可以帮助学生更容易理解数学知识，使学生的数学学习变得更加轻松和有意思。”① 由此可见，教师的教学观念、教学思想对数学文化在教学中的发展起着决定性的作用。

数学文化虽然已经引起了广大一线教师的关注，但在教学中还没有做到真正的有效渗透，还存在着一些问题和不足，主要有以下几点：

第一，教师更多地关注对数学知识的传授，对教材中数学文化的利用不足，更很少主动搜集、获取相关的数学文化知识。对数学文化知识仅限于了解的层面，在课堂上也多是让学生读一读、看一看，缺乏深入的分析和解读，更缺乏对学生数学实践活动的指导。

第二，一线教师对数学文化缺少必要的认识，多通过一些碎片化的阅读或零星的培训获得，仅仅是基于对概念的一知半解，缺乏完整的理论体系，实践性也不足。

第三，对数学文化的作用认识不足。在长期应试教育的影响下，以提高学生分数为目的的教育现象依然存在。因此，教师多注重与考试有关的内容的传授，对数学的教学还停留在传统的计算、概念的背诵、知识的应用层面，缺乏对学生学习品质、学习兴趣、学习能力的培养。

三、学生对数学文化的认识及应用情况分析

（一）问卷调查基本情况

教师和学生是实施教学的两个最关键因素，二者缺一不可。通过对济南市历城区小学 3～6 年级学生进行问卷调查，来分析学生的数学文化知识及相关情况。本次调查共发放调查问卷 1096 份，问卷全部收回，均为有效调查问卷。调查问卷内容如下：

（1）你知道数学文化吗？

（2）你通过什么方式了解到的数学文化？（或多选）

A. 课堂上老师讲解的　B. 学校的数学文化节　C. 课外数学读物

D. 数学手抄报　E. 喜欢的数学家或数学故事

（3）你喜欢数学课本中的“你知道吗？”这一内容吗？

① 张奠宙：《关于数学史和数学文化》，《高等数学研究》2018 年第 1 期。

(4) 你会主动搜集与数学课本中“你知道吗?”相关的资料吗?

(5) 你最喜欢哪一位数学家?

(6) 你最喜欢哪一个数学故事?

(7) 你最喜欢什么数学游戏?

(8) 你阅读过哪些数学读物?

(9) 你最喜欢哪些数学文化内容?(可多选)

A. 数学家的故事　B. 古代数学问题　C. 数学游戏

D. 数学实验　E. 数学小故事　F. 其他________

(10) 你喜欢数学文化吗?

(二) 问卷调查情况分析

通过对回收的 1096 份调查问卷进行对比分析发现,85.95%的学生知道并喜欢数学文化,79.23%的学生是通过教师的课堂讲解了解的数学文化,61.49%的学生是通过阅读数学读物来了解的数学文化,95.16%的学生是通过学校数学文化节及相关的数学活动了解的数学文化,92.33%的学生喜欢数学家的故事,75.09%的学生喜欢数学游戏,38.96%的学生喜欢并曾经做过数学实验。小学低年级的学生普遍喜欢华容道、汉诺塔、七巧板等数学游戏,小学高年级的学生普遍喜欢魔方、速叠杯、24 点扑克牌等数学游戏。

通过分析调查问卷发现,相对于计算、解决问题等枯燥乏味的数学知识,小学生更喜欢丰富多彩的数学故事、有趣的数学游戏,高年级同学也偏好于理性的数学实验、综合性的数学实践活动。这些不同形式的数学文化,对学生的数学学习以及数学兴趣的培养都起到了积极的作用。

(三) 存在问题情况分析

第一,学生对数学文化的认识比较片面,知识的获取多为零星的、碎片式的,缺乏完整的知识体系以及获取知识的必要途径。

第二,市面上小学生喜欢的涉及数学文化内容的读物严重不足,现有的数学读本成人化、知识化严重,缺乏趣味性、生活性。学生获取知识的途径单一,缺乏数学文化知识的储备。

第三,学生更多的是关注数学知识的学习,课余时间多以做题为主,被动学习的现象比较严重,缺乏主动探究的兴趣和欲望,也没有形成自主学习的方法和习惯。在调查中发现，对于阅读、故事、游戏类的数学文化内容学生兴趣比较高，也会主动搜集相关的资料、读物。但探究类、实践类的数学文化学生基本不会主动完成，太麻烦、没时间、考试不考，是学生普遍反映的问题。可见，应试教育的思想，不仅对老师，而且对孩子的影响也是深远的。

四、数学文化在课堂教学实施中的现状分析

课堂是教育的主阵地。无论是教材的编排，还是课程标准的指导精神，都是通过课堂教学这一载体来实施与体现的。因此，数学文化的发展与壮大，课堂教学功不可没。通过对几所不同的学校进行走访、调查以及与一线教师的深入交流，我们梳理出数学文化在课堂实施中的经验做法，同时也找到了数学文化在课堂实施中的困惑与不足。

第一，经过前期调查发现，大部分教师对数学文化有一定的认识，也认可数学文化在学生学习能力以及学习品质、思维发展方面的作用，也会在课堂中渗透相关的数学知识。但大部分教师对数学文化的认识还停留在数学史、数学家、数学游戏等领域，而对数学的审美价值、数学思想与方法的引导、数学创新精神的培养等方面的认识还比较浅显。在课堂教学中的表现就是大部分教师仅停留在让学生读一读上，而很少让学生进行深入探索。例如，三年级下册“你知道吗?”版块有一部分“年、月、日”的知识，教师基本上只是让学生读一读，大致明白即可，很少有教师在课堂上占用大量的时间，让学生深入了解年、月、日与地球自转、公转的关系以及我国历法的相关知识。再如，六年级上册“确定起跑线”版块，教师基本上是基于起跑线计算的教学，很少有教师让学生实际测量、操作、探究。我们的数学文化课堂还仅仅浮于表面，浅尝辄止，还没有触及灵魂的感悟与体验。

第二，长期以来，我国数学教学的应试教育色彩比较浓厚，数学评价多以计算、应用为主，试题也多是生硬的数字、公式、定理。教师虽然明白数学文化的重要性，明白学生数学思维品质的培养对学生终身学习的重要性，但因为受考试指挥棒的影响，平时的课堂教学中不敢放手尝试，更不敢占用大量的时间来进行看似与考试无关的实践应用。幸运的是，随着国家“双减”政策的落地，我们的数学评价制度也在悄然发生变化，数学题目开始向生活化、人文化发展。例如，小学六年级练习中就有这样一道题目：

根据山东省物价局发布的《关于调整居民生活用电阶梯分档电量有关问题的通知》，济南市已对居民用电和工业用电进行阶梯分档。实行居民阶梯电价的“一户一表”用户可以自愿申请居民峰谷分时电价。“峰谷分时电价”是指根据用电高峰期和用电低谷期不同时段执行不同的电价。根据测算，谷电量达到总电量的13.1%，办理峰谷电价电费更便宜，夜间用电量大则更划算。

济南市用电收费标准

用电量（不足1千瓦时的按1千瓦时计算）			电价（元/千瓦时）	备注
居民标准生活用电	“一户一表”用户	月用电量210千瓦时以下	0.55	
		月用电量210～400千瓦时	0.60	
		月用电量400千瓦时及以上	0.80	
	合表用户		0.55	
居民峰谷分时生活用电	“一户一表”用户	月用电量210千瓦时以下	0.55	高峰时段（当日8:00～22:00），各档每千瓦时加价0.05元，低谷时段（22:00～次日8:00），各档每千瓦时降低0.20元
		月用电量210～400千瓦时	0.60	
		月用电量400千瓦时及以上	0.80	
	合表用户		0.55	

济南居民李先生4、5月份用电情况

月份	峰电量（千瓦时）	谷电量（千瓦时）	总电量（千瓦时）
4	/	/	240
5	220	160	380

(1) 按居民标准生活用电计费，“一户一表”用户李先生家4月份需支付电费多少钱？

(2) 佳佳家也是“一户一表”用户，她家申请峰谷分时电价后，4月份需支付电费138元。如果她家4月份峰时用电量是190千瓦时，那么谷时用电量是多少千瓦时？

(3) 气温逐渐升高，空调派上用场，家庭用电量自然也跟着上升。李先生听闻佳佳妈妈申请峰谷分时电价省了不少钱，也心动了。如果李先生办理了峰谷分时电价，那么李先生家5月份的用电费用会划算吗？请说说你的理由。

此题除了数学分析、计算，还涵盖了生活中的分段计费、峰谷电价配置、最优化选择等问题。此外，大量阅读信息的呈现，对学生阅读、分析材料的能力也是很大的挑战。

再如，某校一年级期末“乐考”现场的场景，“乐考”共分四关：第一关“数学图形大作战”，学生随机抽取一张图形画，数出对应图形的个数，考察孩子们对平面图形的认知。第二关“超市GO”，运用人民币学具去现场购物，回归现实生活，让孩子们多一些应用体验。第三关“小猫钓鱼”，这是展示学生计算能力的测试，包括100以内的加法、减法、加减混合运算。每位学生拿到一张写有算式的小鱼形状彩纸，此项测试新颖有趣，学生们的正确率也很高。第四关“最强大脑”，考查学生的临场发挥和解决问题的能力，先抽取题目再拨动计数器，学生们在现场动手动脑，玩得不亦乐乎。“寓教于乐，乐学乐考”，让孩子们在轻松愉悦的“趣味考场”中巩固了知识，锻炼了胆量，培养了能力，体验了成功。这个活动也能够让老师从不同层面掌握孩子们的学习情况，从而反思自己的课堂教学行为，真正为孩子们减负：“减”出快乐，“减”出兴趣，“减”出健康，促进孩子们全面发展，快乐成长。

2022年的高考数学也一度因为难度太大而冲上热搜，在社会上引起了很大的争论与思考。通过与一线教师交流了解到，其实2022年的高考数学题并未超出数学大纲要求，也没有所谓的难题、偏题、怪题，只是增加了大量的材料分析、数学与人文科学、数学与科技创新相融合的题目。例如，2022年数学全国乙卷第19题，以生态环境建设为背景材料，考查学生应用统计的基本知识和用基础方法解决数学问题的能力，同时也考查了学生的数据分析意识和数学运算能力。全国新高考Ⅱ卷第19题是以某地区的流行病学为调查背景，利用建模的数学思想进行数据分析，以达到病情预测、精准防控的目的。把单纯的数学知识放到情境化任务中去分析、推理、猜测、验证，促进数学与生活、科技、社会相融合，同时发展了学生的学习能力、探究能力、创新能力。而这，不正是数学文化所倡导和践行的理念吗？高考具有评价功能，同时，也具有导向功能。相信在高考的引领下，数学文化的课堂应用一定会越来越深入。

通过调查发现，目前济南市有很多学校都已列入数学文化实验学校，除了利用教材内容和课堂进行数学文化的教学研究外，还自主研发了数学文化的校本课程，并且根据教学实际，指导学生开展探究性的自主实践活动。例如，我们在某学校走访调查时，就恰好碰到他们学校的学生在完成一项实践性作业。这项作业是在六年级总复习“空间与图形”之后的一项实践性探究作业：“要把 4 个直径是 4 厘米的乒乓球装在一个有盖的纸盒里，请设计一个纸盒，要求正好能装下这 4 个乒乓球，且最节省材料（纸板厚度、重叠部分忽略不计），（1）设计完成后请把设计的方案用画图的方法表示出来；（2）算一算，你设计的这个纸盒需要多少材料？”对于这样的作业，学生们热情很高，设计完成后孩子们还用乒乓球实际验证，看能否装得下，大家对自己的方案都非常珍视，据理力争阐述他这样设计的想法、优势。就是在这里，我们看到了孩子们潜在的创造力、想象力、推理能力以及实践能力，也让我们深深地为数学文化的魅力所感动。

目前各学校对数学文化越来越重视，也在努力促进数学文化的繁荣与发展。学校、班级还会利用手抄报、走廊墙报、黑板报等形式，摘录数学名言、数学故事、数学发明等，加深学生对数学文化的认识，并有计划地开展数学文化的各项活动。例如，济南市历城区洪家楼小学每年都有为期一个月的“数学文化节”活动，通过数学游戏比赛、讲解数学故事、创编数学戏剧、评选数学讲题小达人等，对学生进行数学文化的教育。这些活动的开展，加深了学生对数学文化的理解与认识。

第三章 数学文化教学的实施方式与策略

数学蕴含着数与形的美，数学文化承载着古代劳动人民的智慧。在数学的教学过程中，将数学文化与数学课堂相融合，体现数学课程的文化特征，有助于发挥数学文化的育人功能，能够拓宽学生眼界，激活学生思维，增强学生的文化自信心和自豪感。

济南市历城区洪家楼小学（以下简称“洪家楼小学”）从 2014 年起就开启了数学文化融入教学的探索与研究，成立了专门的数学文化项目研究团队，经历了“自主探索、专家引领、数学文化＋”的研究历程，实践总结了以“集体备课—同课异构—实践研讨—教学迁移”为模式的实施机制，从“课时视角、单元视角、领域视角”出发总结出了数学文化融入教学的具体操作策略，构建了“1311”智融教学范式，守好数学文化融入小学数学教学的课堂主阵地。

第一节 数学文化融入教学的研究历程

为了实现数学文化从隐性到显性、从零散到系统，学校的数学文化项目研究团队从 2014 年起进行了积极的探索和研究，经历了三个阶段，实现了数学文化教学质的飞跃。

第一阶段，自主探索，挖掘教材中的数学文化资源（2014 年 9 月至 2015 年 9 月）。中国是四大文明古国之一，在漫长的数学发展历程中，中国数学家的卓越贡献是不可磨灭的。挖掘数学教材中的数学文化资源，丰富课堂教学内容，关注数学文化在数学教学中的作用，能够让学生了解中华民族在数学领域中的巨大成就，激发文化自信，增强民族自豪感。为了研究数学文化融入教学的特色功能，学校进行了对比实验。通过实验班与非实验班的同课异构对比，老师们深切体会到数学文化融入数学教学的必要性，从而改变了自己的教学观念。

在自主探索阶段，我们把教材中可以挖掘的数学文化资源进行了分类、汇总，总结出教材相关显性数学文化知识融入课堂的三种模式：一是导入环节应用——激发学生的探究欲望；二是探究新知环节应用——提供探究思路方法；三是课后提升阶段应用——锦上添花，给学生提供课后探究学习的资料和方向。

第二阶段，专家引领，构建数学文化校本课程体系（2015 年 9 月至 2020 年 9 月）。2015 年 9 月，学校数学文化研究团队聘请了山东省教育厅基础课程中心李红婷主任对我们的课程给予指导。在数学文化研究专家的引领下，项目组通过“课例开发—课堂尝试—课后修改—再实践”的方式，最终确立了“一必十三选十三自”的数学文化课程体系。必修课主要是国家课程，并适当加入数学史主题，包含数学家、数学史、数学思想方法等内容；选修课以数学与活动为主题，包含数学与阅读、数学与拓展、数学与戏剧三个主题；自修课以数学与探究为主题，包含数学魔术、数学益智游戏、数学实验等主题。根据课程内容与性质，课程的实施途径确定为：必修课以课堂为主阵地，选修课以社团活动为主阵地，自修课是学生在教师引导下利用课余和节假日有计划、有目标地自主探究和学习。我们对课程评价进行了系统的研究，整个评价的原则是重视过程、重视导向、重视激励，教师、家长、学生全员参与。这样就实现了学校、家庭共同参与，课堂、社团、校外实践全方位发展的目标，从而共同提升学生的学习能力和核心素养。

第三阶段，从“十数学文化”到“数学文化十”，以文化视野优化数学教学（2020 年 9 月至今）。数学文化课程体系的有效实施，极大地改善了学生数学学习的兴趣，提升了学生的核心素养，同时拓展了教师数学教学的深度、广度，能够更好地发挥数学文化的育人功能。

2020 年 10 月，学校申报了 2020 年济南市基础教育教学改革成果培育项目“数学文化融入小学数学教学的实践研究”。随着项目的推进，我们的研究也由“十数学文化”迭代到“数学文化十”。

“十数学文化”指的是在数学课程中渗透数学文化，以数学课为本，在适当的时候引入数学文化的相关内容。从形式上来说，数学文化于数学课程有锦上添花的作用，数学文化外在于数学教学。

“数学文化+”是在渗透数学文化的基础上，将数学文化内化于数学课程教学中，从数学文化的角度分析数学课程，基于数学文化的视野去设计课程内容，从数学文化中汲取资源，将数学文化与数学课程融为一体，数学文化的应用更多的是从“事实介绍”向“引发思考”转化，由浅表向深层转化，让思考方法、数学思想、理性态度等隐性的东西显性化。教学着眼于人的全面发展，充分发掘数学文化素材的育人功能，让数学学习成为学生锤炼数学思维、积淀数学素养、感受数学之美、熏陶数学精神的过程。

第二节　数学文化融入教学的实施机制

为保证研究的专业性和前瞻性，洪家楼小学数学文化项目研究团队组织成员积极探索数学文化融入教学的实施机制。

一、成立数学文化项目研究团队

（一）条件保障

为了高效地将数学文化融入数学教学，帮助学生领悟中华民族独有的数学智慧，增强文化自信，培养学生自立自强、勇于创新的优秀品质，学校领导高度重视，专门成立数学文化项日研究团队，给予制度保障、经费保障、时间保障和组织保障。只有加强校本教学研究，教师专业化发展才能得到不断提升。只有不断开展校内教研活动，才能提升学校的教育教学水平。

参加数学文化项目研究团队的研究人员有教研员、校长、教导主任、教研组长、骨干教师等，他们都有丰富的教学经验，并且具有一定教科研能力。研究团队明确了成员的权利和义务，课题组定期开展研讨活动，定期学习交流。

（二）专家引领

洪家楼小学是全国数学文化实验校、山东省数学文化实验校（重点校），区教研员是项目组成员，这就保障了研究团队的老师可以直接参与全国、全省的数学文化培训、评比活动，为研究活动的开展提供了全方位、最前沿的专家引领。

（三）理论提升

搞教学研究，绝不是拿一张白纸在上面写写画画，而是首先要进行必要的、大量的文献阅读。牛顿说过："如果说我比别人看得更远些，那是因为我站在了巨人的肩上。"因此，了解别人的研究现状，才能更好地进行更深层次的研究。

1. 学习课程标准，厘清研究内容

《义务教育数学课程标准（2022 年版）》的发布，对数学文化在小学阶段的应用提出了更加明确的要求，即"数学承载着思想和文化，是人类文明的重要组成部分"[①]，"关注数学学科发展前沿与数学文化，继承和弘扬中华优秀传统文化"[②]。因此，深入、全面地学习课程标准，厘清数学教材中的数学文化内容，是开展研究的前提和基础。

《义务教育数学课程标准（2022 年版）》发布后，研究团队组织成员进行了一轮又一轮的学习，通过自学、团队成员讨论、学习专家解读、记笔记、写体会等，将课程标准的学习落到实处，将课程标准的内容烂熟于心，用理论来武装自己，用课程标准来指导自己的教学。

2. 阅读专著，提升理论水平

研究团队领导者带领团队成员积极从书籍中学习，汲取知识和经验。阅读的书籍包括但不限于传统文化知识、教育教学理论知识、课程标准理论与解读知识、数学文化相关的理论专著，关注并了解最新的国内外研究现状，特别是关于数学文化校本化的研究论述和观点，借鉴吸收相关的理论研究、思想方法和实践经验，提高研究团队的整体理论水平。

3. 参与各级培训，汲取研究经验

依托省、市、区的培训平台，学校研究团队积极参与各级培训，包括名师的课堂观摩、课堂实录学习、专家专题讲座以及在线直播讲座，积极参与省、市、区等各级举办的数学文化竞赛、评比、展示等活动。线上与线下相结合，一方面通过学习不断提升理论水平，另一方面积极参与各种数学文化的展示交流活动，与同行一起切磋提升。

---

① 中华人民共和国教育部：《义务教育数学课程标准（2022 年版）》，北京师范大学出版社 2022 年版，第 1 页。

② 中华人民共和国教育部：《义务教育数学课程标准（2022 年版）》，北京师范大学出版社 2022 年版，第 2 页。

4. 邀请专家不定期指导

学校研究团队邀请山东省教育科学研究院的教授、教研员对我们的研究不定期给予指导，在专家的引领下，才能走得更久、更远。

(四) 方法科学

在数学文化项目的研究过程中，采用了各种有效的研究方法，有个案研究法、文献研究法、调查研究法和经验总结法。

个案研究法：遴选个别班级进行先行实验，选择典型教学内容，找出数学文化融入的策略，初步归纳出教学策略和建议，进行推广使用。

文献研究法：组织项目组成员查阅和学习相关的理论书籍，关注最新的国内外相关研究成果，特别是关于数学文化校本化的论述和观点，借鉴吸收相关的思想内容和实践经验，提高课题研究组成员的理论水平。

调查研究法：主要采用问卷调查、面谈的方式，评价学生素质和教师专业发展状况，分析目前数学文化育人的现状，确定阶段实验重点，分析学情，及时调整活动设计，使实验研究具有针对性和实际性。

经验总结法：通过阶段性总结，及时肯定实验成果，修正实验方案，总结出实验的主要经验，及时进行校内外推广运用。

二、数学文化融入教学的实施机制

在理论学习的基础上，开展数学文化融入教学的教学研究是研究团队的主要目的。借鉴常规数学课的操作与流程，数学文化融入数学教学经历了“集体备课—同课异构—实践研讨—教学迁移”的研究过程（见图 3-1）。

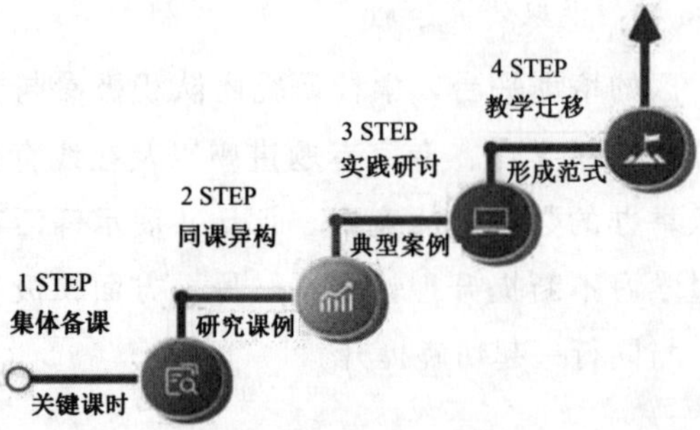

图 3-1　数学文化融入教学的实施机制

洪家楼小学数学学科教研组从 2014 年起构建了一个研究性学习平台，通过对具体课例的研究，围绕实践与反思展开活动。

(一)集体备课，确定关键课时

2021年7月24日，中共中央办公厅、国务院办公厅印发《关于进一步减轻义务教育阶段学生作业负担和校外培训负担的意见》。面对“双减”意见，如何提高教师的教学质量实现“减负提质”，是摆在一线教师面前的重要问题。我们都知道，备好课是上好课的前提，那么，创新备课方式、提升备课质量就是解决这一问题的首选方案。如何借助教研组的力量，厘清知识脉络，把握教学全局，形成教师合力，提升教育教学水平？我们可以借助集体备课。通过集体备课确定单元中的关键内容，设计有效的教学活动，优化作业设计。集体备课是在教师个人备课的基础上所进行的一种教研组老师共同参与的备课形式。集体备课有更强的针对性和目的性，它明显比教师个人“单打独斗”更有效果。数学文化融入数学课堂，和普通的数学课堂还有很大的区别。数学文化课中，更多地体现了文化与数学的相融。如何让数学文化在数学课堂中发挥高效的作用，是集体备课的关键问题。

关于集体备课，研究团队制订了切实可行的教研方案。定时间、定地点、定主持人，学课标、研教材、做下水题。形成集体备课四步法：首先，教师根据教学内容和进度进行个人备课；其次，在集体备课活动时，教师根据个人备课内容各抒己见，主持人组织整理后形成集体备课；再次，教师再根据主持人的整理进行调整、补充、修改等完成个人的二次备课；最后，教师根据二次备课上课，教研组成员听评课后，针对课堂教学中出现的问题，给出指导意见，上课教师做自我反思，再一次进行修订，经过反复打磨和研讨，呈现较成熟完备的集体备课，形成学校的资源库，以便成果推广。

具体做法是每周二组织各年级组的教师集体备课，全体教师至少提前备好下一周的课。每周指定一个主备人，主备人先介绍自己的备课思路，提出自己对这一周内容的建议。主备人根据年级组其他教师的发言进行二次备课，并厘清单元知识内容之间的联系，找准教学中的重难点。这种形式为青年教师的成长提供了有效的途径。

《义务教育数学课程标准（2022年版）》指出：“图形与几何是义务教育阶段学生数学学习的重要领域，在小学阶段包括‘图形的认识与测量’和‘图形的位置与运动’两个主题，学段之间的内容相互关联，螺旋上升，逐段递进。”[①] 例如人教版《数学》五年级上册《多边形的面积》这一

① 中华人民共和国教育部：《义务教育数学课程标准（2022年版）》，北京师范大学出版社2022年版，第27页。

单元，本单元涉及的内容是图形的测量。图形测量的重点是确定图形的大小，而确定图形大小的核心概念是图形中度量单位的个数。在推导一些常见图形面积的过程中，使学生感悟数学度量方法，逐步形成量感和推理意识。

《多边形的面积》这一单元的学情分析如下：学生在前期的学习中，已经认识了平行四边形，并已学会计算长方形的面积，这些都是本课学习可以利用的基础，对于平行四边形，学生在日常生活中已经有过一些感性认识，但不会注意到如何计算平行四边形的面积，学起来有一定难度。并且，平行四边形的面积计算是后面学习三角形、梯形、组合图形面积计算的基础。

《多边形的面积》这一单元的教学目标是：让学生通过动手操作、实验观察等方法探索并掌握常见多边形的面积公式，会用面积公式计算多边形和组合图形的面积，能解决生活中的实际问题等。

在研究平面图形的面积时，我们经常用到割补法。割补法在我国古代数学著作中称为“出入相补”（又称“以盈补虚”）原理，它是中国数学中用于推证几何图形的面积或体积的基本原理。我国《九章算术》中三角形面积的计算方法是“半广以乘正从”，著名数学家刘徽注释时用“以盈补虚”的方法，即一个平面图形，从一处移到另一处，它们的面积是不变的，或者把一个图形分割成几个图形，那么各个图形的面积之和等于原来图形的面积。多边形的面积计算，就是借助“以盈补虚”的思想展开的。“以盈补虚”就是《多边形的面积》这一单元中所涉及的数学文化的核心内容。让学生了解中国古代面积的计算方法，学习用“以盈补虚”把未知转化成已知求图形的面积是这一单元的关键内容（见图 3-2）。因此，这一单元的第一课时《平行四边形的面积》就成为这一转化思想学习的切入点，也是这一单元的关键课时。

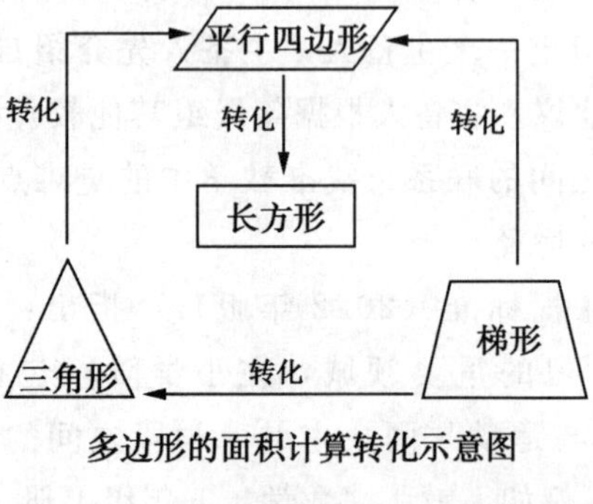

多边形的面积计算转化示意图

图 3-2　《多边形的面积》转化关系

下面以人教版《数学》五年级上册第六单元《多边形的面积》为例，展示教研组数学文化融入教学的集体备课过程。

1. 个人备课

备课不仅仅是写出教案，而是以此为纲，改变教师的传统思维方式，尤其是确立以学生发展为中心的立场。教研组成员在通读教材、教参的基础上，组织老师根据分工自行备课，集体教研时再进行交流。每位老师要共享自己的教学设计，分享设计思路与设计意图，这样可以让参与活动的老师看到不同的教学设计，体会不同的教学风格，感受不同教学策略的应用，使老师们尽可能全面地获取关于教学内容的详细信息。比如导入环节，有的老师通过复习面积的定义导入，有的老师通过实际情境借助教材中的主题图导入，有的老师通过七巧板拼图导入等等。再比如自主探究环节，有的老师是这样设计的：根据长方形的面积公式猜想平行四边形的面积—数方格—采用割补平行四边形的方法动手操作—推导平行四边形的面积；有的老师是这样设计的：数方格确定平行四边形的面积（比较小，可以在格子纸上画出来，即单位面积测量法）—填表对比长方形和平行四边形的面积大小（面积相等）—猜想平行四边形的面积＝底×高—验证面积公式是否正确；还有的老师是这样设计的：想猜想平行四边形的面积会和什么有关（底、高、相邻的边、长方形等）—利用学具、借助转化来探究—带着问题自学—小组交流。

2. 集体备课

独立备课后的集体交流反映出来的主要问题是，老师过度依赖教材的课时编排，缺乏大单元的整体把握意识，忽略了学生的真实起点。比如，有的老师的导入环节是从复习面积的含义开始的。实际上，学生在三年级下册已经学习了《面积和面积单位》这一单元，知道了面积的含义，还学习了长方形和正方形的面积公式。在这节课里，老师以复习面积的含义导入，就是没有把学生已有的知识水平考虑全面。根据教研组对教学设计的分析讨论，与资深教师的深层次交流，备课老师进行二次备课，在不断地修改过程中老师初步形成了备课不仅要备教材，更需要备学生需求的意识。

从以上内容可以看出，集体备课是与个人备课相融合的，个人备课经过不断讨论修改，逐渐趋于成熟完善，是一个螺旋上升的过程。

以人教版《数学》五年级上册第六单元《多边形的面积》第一课《平行四边形的面积》导入环节为例，体会集体备课的作用。

【导入环节】（第一稿）

第一，什么叫面积？常用的面积计量单位有哪些？

第二，出示一个长方形，问：它是什么形状的？怎样求它的面积？

第三，出示教材主题图，即一个长方形、一个平行四边形。问：这两个图形哪个大一些呢？怎样求平行四边形的面积呢？

【设计分析：这一稿的导入设计，考虑到新学习的内容是有关面积计算的，所以先通过复习原有的基础知识，再通过对比引入新课的学习。虽然面积的定义和面积单位是进一步学习多边形面积计算的基础，但本节课的核心内容是“转化”的数学思想的渗透和学习。本节课是后面学习三角形、梯形和组合图形面积的基础。对于转化思想，我国古代人民在计算面积的时候会用到“割补法”，这个知识实际上有很深的数学文化的思想在里面，备课老师由于经验不足，对数学文化的知识了解不足，所以导入环节没有涉及“转化”思想的渗透。】

思想方法的教学应避免老师“输送”给学生，而应该让学生有自己探索的欲望，导入环节的合理过渡才能让思想方法的学习自然而然地发生。根据教研组的建议，结合大单元整体教学的思路，备课老师又进行了二次备课。

【导入环节】(第二稿)

第一，同学们，你们喜欢听故事吗？今天老师给大家带来一个《曹冲称象》的故事，我们一起来听一听吧。(教师播放《曹冲称象》的故事音频)

故事梗概：三国时期，吴国孙权送给曹操一头大象，可是大象很大，到底有多重呢？用什么办法来称一称？有人说造一杆大秤来称；有人说把大象宰了，切成块称。大臣想了许多办法都行不通。曹操的儿子曹冲说，他想到了一个办法。把大象赶到一艘船上，等船身稳定后，在船身上齐水面的地方画上一道，再叫人把大象牵上岸，把石头装上船，等船身沉到刚才画线的地方，就停止装石头。称一称石头有多重，就知道大象有多重了。

第二，曹冲是怎样称象的呢？你能用自己的话描述一下吗？

【设计分析：第二稿的导入环节，老师设计用故事来导入新课，不仅可以活跃课堂气氛，还能够激发学生的学习兴趣，集中学生的注意力，加深学生对所学知识的印象。《曹冲称象》的故事体现的是数学中的“转化”思想，恰当地融入了数学文化的相关内容。如果导入环节到这里就结束了，感觉和求平行四边形的面积关系不大，只是突出了“转化”这一数学思想。如何更进一步地设计既能渗透转化思想，又与平行四边形的面积有密切联系的导入呢？】

面对这样的问题，教研组的老师们发挥集体的智慧，以目标为导向，重新设计了导入环节。

【导入环节】（第三稿）

第一，复习旧知，迁移思想。

师："学而时习之""温故而知新"。今天老师带来了两个挑战，你们敢不敢应战？

（出示课件，如图 3-3 所示）求下列图形的面积（一个方格代表 $1cm^2$，不满一格的按半格计算）：

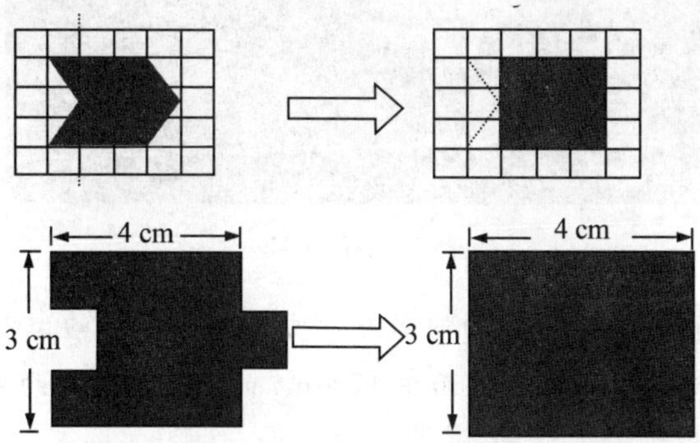

图 3-3　求图形的面积

【设计意图：通过回顾不规则图形面积的计算方法——"数方格"法，复习长方形面积计算方法，渗透"转化""割补"思想，激发学生学习的兴趣，为学习平行四边形的面积计算做好充分准备。第一题可以用数方格的方法求出这个图形的面积是 $9cm^2$，还可以把这个图形通过割补平移转化成学过的长方形来计算它的面积。把不规则图形左边部分沿虚线割下来补到右边就变成了一个边长为 3cm 的正方形，图形的面积不变，再应用正方形面积计算公式计算。第二题把这个图形转化成一个长方形，图形的面积不变，应用长方形面积计算公式 $S=ab$ 来计算它的面积。】

第二，介绍"以盈补虚"的方法。

把不规则图形通过割补转化成规则图形来求面积的方法，其实我国古代劳动人民在计算土地面积的时候经常用到。在《九章算术》中，三角形面积的计算方法是"半广以乘正从"，著名数学家刘徽注释时用"以盈补虚"的方法，即一个平面图形，从一处移到另一处，它们的面积是不变的，或者把一个图形分割成几个图形，那么各个图形的面积之和等于原来图形的面积。

【设计意图：从具体图形求面积，到"以盈补虚"的理论支撑，引出古代中国

人民的智慧，渗透中华优秀传统文化，增强学生的文化自信和民族自豪感。】

第三，创设情境，引入新课。

师：看来咱们班同学很会学习，前面知识学得很扎实，同学们能不能用数学知识解决生活中的问题呢？

课件出示图片（见图 3-4）：

图 3-4　停车场

教师说明：这是一个停车场的照片，为了方便车辆的出入人们通常把车位设计成平行四边形，一个占地面积 $1200m^2$ 的停车场，大约可以划多少个这样的车位？

师：你需要知道什么条件就可以得到答案？

生：一个停车位的面积。

教师出示一个平行四边形纸片并说明求这样一个停车位的面积即求一个平行四边形的面积。

师：这节课我们就来研究这个问题。

【设计意图：从生活场景中提出问题，让学生产生学以致用的需求，明确学习的目标，同时渗透生活中处处有数学的思想。引导学生大胆猜测，培养学生感知和猜测的能力。】

总结：通过导入环节的三次设计对比我们不难发现，集体备课前后，在导入内容上有很大的区别，第三稿的导入环节设计、知识的衔接与过渡更加自然顺畅，学生对探究平行四边形的面积计算公式，有了可靠的依据和思维方法。因此，导入的效果是非常成功的。

（二）同课异构，深入研磨课例

同课异构是除了集体备课以外教师进行教研活动的另一种方式。同课异构在促进教师专业发展、促进学生的全面发展方面取得了显著成效。作为一种有效的教育比较研究方式，它得到相关部门和学校的重视与推广。

同课异构是指由于教师个人的经验和知识储备不同，看待问题的角度不同，所以同一个教学内容在不同的教师的理解和设计下，就会有不同的教学方式和教学手段，进而呈现出不一样的课堂效果。

同课异构能够彰显个性化的教学设计。由不同老师就同一教学内容进行课堂教学，上课老师根据自己对教材的理解、分析，结合自身的教学经验，加上对学生的学情分析，采用不同的教学策略，形成不同的教学设计，从而实现不一样的教学效果。这种课堂教学形式可以充分发挥每个老师的特长，形成独特的教学设计，呈现出多彩的课堂。

同课异构鼓励多样化的教学方法。教学方法是达成教学目标和学习目标的手段。多样化的方法，实现相同的目标。教师由于个人经验的原因，在组织教学时，可能会存在教学方法不够完善、看待问题比较片面等问题。通过同课异构，教师在教学过程中不断学习、不断进步，教师之间相互交流教学方法，相互学习，共同进步，就能上出一节好课。

课后研讨促进教学相长。个性化的教学设计、精彩纷呈的课堂教学，加上课后研讨的“百家争鸣”，起到教学相长的作用。

洪家楼小学每周二下午是集体备课与同课异构的集中活动时间，固定的时间和地点，为数学项目研究团队的活动增加了浓浓的仪式感。

以人教版《数学》五年级下册第三单元《容积和容积单位》为例，展示同课异构的实施情况。《容积和容积单位》是一节概念课，但是在教学的过程中要注意容积单位表象的建立，重视想象，将空间观念的培养目标贯穿始终，感悟数学文化与生活的密切联系。

李老师和韩老师都是有着多年教学经验的骨干教师，她们教学风格迥异，课前，她们根据自己的教学经验和对教材的理解把握，以及对班级学生的学情分析，进行了不同的教学设计。每种教学设计都呈现了高效课堂的精彩魅力和浓浓的数学文化味道。

李老师（见图 3-5）擅长用思维导图这一彰显数学文化的工具和学生一起梳理知识体系，在理清容积和容积单位与体积和体积单位的关系之后，放手让学生根据任务单，自主探究学习。任务单中的每一项内容都来源于生活，让学生从生活中学习数学，加强数学与生活的联系，将数学文化厚植于学生心中。

图 3-5　李老师上课

韩老师（见图 3-6）在教学过程中侧重于实验操作，在操作中将抽象的知识具体形象化，将数学知识与生活紧密结合，便于学生理解和掌握，学生学习兴趣浓厚，通过实验让学生充分感知升与毫升之间的关系。

图 3-6　韩老师上课

课后，教研组的老师们对同课异构的这两节课，都提出了自己的想法和建议。“尺有所短，寸有所长。”为了避免“鸦雀无声”以及“一片称赞”的评课现象，教研组制定了评课要求：每人找一个课堂亮点，每人提一个改进建议，上课老师分享一个自己的小妙招。在这种氛围下，评课老师们积极提出自己的想法，各抒己见，肯定优点的同时给出了建设性的意见，交流自己的经验。教研组主体意识强，教师间的交流讨论、内容分析及时有效。评课现场的学习交流氛围相当浓郁（见图3-7、图 3-8）。

图 3-7　集体评课

图 3-8　老师点评

实际上，多种教学方案的比较、分析会碰撞出思维的火花，不论是上课者还是听课者都能在碰撞中提升教学能力，逐步形成听、评、研一体的教研文化。

（三）实践研讨，形成典型案例

同课异构，深入研磨课例后，教研并不是就此结束了。教研活动时思想火花的碰撞，不论是上课老师还是听课老师，都会对这节课产生新的想法，将新的想法落地，与原来的想法结合，教师完成第三次集体备课（也就是课后备课）。再把上课时出现的小瑕疵、没有处理好的小环节进一步修改，将教学设计继续完善，提升自己的课堂教学水平，推动课堂教学不断优化，从而形成典型课例。这些典型课例经过精细加工后会收入学校的教学资源库，从而形成系统化的教学案例库。

（四）教学迁移，推广教学范式

按照上述研究流程，即集体备课确定关键课时—同课异构实现研磨课例—实践讨论形成典型案例，抓住课堂这个教学主阵地，用好集体教研新形式，利用同课异构促成长，开展常态化的教研活动。在数学课程的课时设计中，教师能准确抓住关键课时，并能有效地运用和迁移，使学生在学习任务和真实情境中有效地运用所学知识和所掌握的技能，比较系统地了解数学文化，真正提升学生的数学核心素养，实现立德树人的根本任务。

第三节　数学文化融入小学数学教学的基本策略

通过对教师和学生的调研、观察、访谈发现，由于受传统应试教育的影响，教师课堂教学往往注重知识传授，忽视数学文化的价值，导致学生学习被动，缺乏学习兴趣，动力不足，重视知识的积累而忽视了动手操作、探究的过程，对数学家、数学史、数学思想方法缺乏必要的了解。同时，作为教师教学的重要依据和学生学习的主要资源的教科书，涉及数学文化的内容不够丰富，在内容上往往是以自主阅读的形式呈现，比较零散，缺乏整合，而课外的资料往往与教学的进度不够匹配。因此，教师在教学设计上，对数学文化缺乏基本的理解和自觉地应用，反映在学生的学习上，就是缺乏对数学文化的重视和学习的迫切愿望。如何引导教师自觉用数学文化的视域进行数学课堂的建构？如何解决数学文化内容缺乏整合，一线教师需要花费大量时间与精力去寻找与教学内容匹配的数学文化资源？如何将数学文化资源有效地、系统地融入课堂教学，确保时间和内容的有效性？这些都是需要我们去思考的问题。

从对数学文化内涵的理解和外延的界定上，我们可以发现数学文化融入教学的必要性。在实际教学过程中，数学的文化内涵往往以潜移默化的形式存在，只有教师有意识地将文化的理念作用于数学课堂教学之中，才能让学生感悟这种“看不见的文化”。由于受到课堂教学时间和教学内容的限制，许多数学史、数学游戏、数学思想方法、生活中数学的美等在课堂上无法与学生共享。这样数学的文化育人价值就会缺失，无法满足提高学生数学素质教育的内在要求。如果没有合理的融入策略，则会出现无法将数学文化知识合理融入课堂或者始终是低层次重复融入的现象。如何有效地把数学文化内容融入数学课堂，真正发挥数学文化的育人价值，针对这一问题，洪家楼小学数学项目组在研究的过程中做了进一步探索，总结了具体的操作策略，有利于更好地将数学文化落实到课堂上。

一、课时视角，教材中数学文化资源的融入

（一）梳理教材中的数学文化教学资源与学习资源

根据数学文化的内涵，我们将人教版小学数学教材中的数学文化内容进行了分类整理，包含数学史、数学游戏、数学思想方法、数学与生活、数学与科技、数学与人文艺术等。

项目组对人教版1～6年级数学教材中的数学文化资源进行了梳理，以六年级上册为例进行说明（见表3-1）。

表 3-1　人教版《数学》六年级上册教材中的数学文化资源梳理

六年级上册数学文化梳理																				
	课题	页码/页	数学史		数学与生活						数学与科技			数学与人文艺术				数学游戏	数学思想方法	数学精神
			显性	隐性	日常生活	学校生活	社会生活	娱乐生活	经济生活	职业生活	地球科学	物质科学	高新技术	人文	美术	音乐	建筑			
1	分数乘法例 1、例 2	1～3			分蛋糕														数形结合	
2	例 3	3～4			土地使用														数形结合	
3	例 4	5									生物科学									
4	练习一第 3、8、9、10、12、13 题	6～7					环保教育				科学教育									
5	例5、例6	8																	类比迁移	
6	练习二第 2、3、4 题	10～12									生物科学									

续表

六年级上册数学文化梳理																				
	课题	页码/页	数学史		数学与生活						数学与科技			数学与人文艺术				数学游戏	数学思想方法	数学精神
			显性	隐性	日常生活	学校生活	社会生活	娱乐生活	经济生活	职业生活	地球科学	物质科学	高新技术	人文	美术	音乐	建筑			
7	例8、例9	13～14			土地使用														数形结合	
8	你知道吗？	15	减倍问题																极限思想	
9	练习三第1～7题	16									生物科学									
10	位置与方向 例1、例2	19、20		笛卡尔、费马与坐标方法							台风移动方位图									
11	例3、例4	22、24			路线图														坐标法	
12	分数除法例1	30													折纸				数形结合、转化	

续表

六年级上册数学文化梳理

	课题	页码/页	数学史		数学与生活						数学与科技			数学与人文艺术				数学游戏	数学思想方法	数学精神
			显性	隐性	日常生活	学校生活	社会生活	娱乐生活	经济生活	职业生活	地球科学	物质科学	高新技术	人文	美术	音乐	建筑			
13	例 2	30			速度问题														数形结合、转化	
14	例 3	33									吃药								分析、推理能力	
15	例 4	37									人体中的水分占比问题								迁移、类推	
16	例 5	38			体重对比														数形结合	
17	例 6	41						打篮球												解题多样化
18	例 7	42～43					工程问题													

续表

六年级上册数学文化梳理																				
	课题	页码/页	数学史		数学与生活						数学与科技			数学与人文艺术				数学游戏	数学思想方法	数学精神
			显性	隐性	日常生活	学校生活	社会生活	娱乐生活	经济生活	职业生活	地球科学	物质科学	高新技术	人文	美术	音乐	建筑			
19	你知道吗？	45														五线谱			模型思想	
20	比的意义 例 1	48～50					神舟五号												分析、抽象、概括能力	
21	你知道吗？	51	黄金比	达•芬奇																
22	比的应用 例 2	54			按比分配														转化思想	
23	圆的认识	57					圆形建筑物													
24	设计图案	59													尺规作图					

续表

六年级上册数学文化梳理																			
	课题	页码/页	数学史		数学与生活						数学与科技			数学与人文艺术				数学游戏	数学思想方法	数学精神
			显性	隐性	日常生活	学校生活	社会生活	娱乐生活	经济生活	职业生活	地球科学	物质科学	高新技术	人文	美术	音乐	建筑			
25	圆的周长	62			测量周长														化曲为直的转化思想	
26	你知道吗？	63	祖冲之	π的来历																
27	例1	64					自行车轮												化曲为直的转化思想	
28	圆的面积	67					圆形草坪占地面积												等积变形、极限思想	
29	你知道吗？	68	刘徽割圆术																	

续表

六年级上册数学文化梳理

	课题	页码/页	数学史		数学与生活						数学与科技			数学与人文艺术				数学游戏	数学思想方法	数学精神
			显性	隐性	日常生活	学校生活	社会生活	娱乐生活	经济生活	职业生活	地球科学	物质科学	高新技术	人文	美术	音乐	建筑			
30	例 3	69															外方内圆、外圆内方建筑			
31	生活中的数学	70					圆在生活中的应用													
32	扇形	75												扇形物体						
33	确定起跑线	80～81				运动会跑步比赛														

续表

六年级上册数学文化梳理																				
	课题	页码/页	数学史		数学与生活						数学与科技			数学与人文艺术				数学游戏	数学思想方法	数学精神
			显性	隐性	日常生活	学校生活	社会生活	娱乐生活	经济生活	职业生活	地球科学	物质科学	高新技术	人文	美术	音乐	建筑			
34	百分数	82					生活中的百分数													
35	你知道吗？	83	恩格尔系数																	
36	百分数例1、例2	84～85			篮球命中率															
37	例3	89					植树造林												数形结合、化归思想	

续表

六年级上册数学文化梳理																				
	课题	页码/页	数学史		数学与生活						数学与科技			数学与人文艺术				数学游戏	数学思想方法	数学精神
			显性	隐性	日常生活	学校生活	社会生活	娱乐生活	经济生活	职业生活	地球科学	物质科学	高新技术	人文	美术	音乐	建筑			
38	例4、例5	90			商品价格变化	购买图书														
39	扇形统计图例1	96				体育运动调查														
40	例2	98				校园内树木统计														
41	节约用水	105		水费阶梯收费制			环保教育												数据分析观念	
42	数与形	107																	数形结合	
43	练习二十二第7题	111	杨辉三角																	

项目组按照数学史、数学家、数学游戏、生活中的数学、数学故事几个版块梳理出了人教版小学数学教材中的数学文化融入点，设计制作了相关微课，不仅给教师课堂教学提供了数学文化教学资源，也给学生的数学文化学习提供了学习资源。现对人教版1～6年级12册数学教材中的数学文化微课资源进行梳理（见表3-2）。

表3-2 人教版1～6年级12册数学教材中的数学文化微课内容设计

数学文化微课内容设计									
册数	单元	页码/页	微课内容	微课类型					微课题目
				数学史	数学家	数学游戏	生活中的数学	数学故事	
一（上）	3	24～25	加法的由来	√					加法的由来
一（上）	3	26～27	减法的由来	√					减法的由来
一（上）	3	30	0的由来					√	0的故事
一（上）	4	34～36	认识图形（一）					√	图形王国历险记
一（上）	5	39～64	6～10的认识	√					自然数1～10的小故事
一（上）	7	84～87	认识钟表					√	时间的小故事
一（下）	1	2～4	认识图形（二）					√	图形王国历险记
一（下）	3	27～28	分类与整理				√		整理房间
一（下）	4	33～42	①数数 ②数的组成	√					计数器的“前世今生”
一（下）	4	41～43	①数的顺序 ②比较大小					√	12和21
一（下）	5	52～55	认识人民币				√		我们一起去购物
一（下）	7	85～87	找规律			√			“九宫格”填数字游戏
二（上）	1	2～4	长度单位	√					长度测量的“前世今生”
二（上）	3	38～40	角的初步认识					√	角的来历

续表

数学文化微课内容设计									
册数	单元	页码/页	微课内容	微课类型					微课题目
				数学史	数学家	数学游戏	生活中的数学	数学故事	
二（上）	4	47～48	乘法的初步认识	√					乘法的来历
二（上）	4	52～53	2～6 的乘法口诀	√					乘法口诀的来历
二（上）	7	90～92	认识时间	√					时间的由来
二（上）	8	97～99	搭配（一）				√		生活中的搭配
二（下）	1	2～6	数据收集整理	√					画“正”的来历
二（下）	2	13～16	除法	√					一分钟了解除法
二（下）	3	28～31	图形的运动（一）				√		玩转游乐场
二（下）	6	59～62	有余数的除法	√					余数的来历
二（下）	8	100～102	克和千克				√		一起去超市购物
二（下）	9	109～112	数学广角——推理					√	名侦探柯南小故事
三（上）	1	2～4	时、分、秒				√		生活中的时、分、秒
三（上）	3	21～23	毫米、分米的认识				√		生活中长度单位的应用
三（上）	3	31～32	吨的认识	√					关于吨的由来
三（上）	5	50～53	倍的认识	√					“倍”的概念和含义
三（上）	6	60～62	笔算乘法	√					竖式乘法的演变史
三（上）	6	77～78	数字编码				√		有趣的数字编码
三（上）	7	79～82	四边形				√		认识四边形大家族

续表

数学文化微课内容设计									
册数	单元	页码/页	微课内容	微课类型					微课题目
				数学史	数学家	数学游戏	生活中的数学	数学故事	
三（上）	7	83～85	周长	√					周长的起源
三（上）	8	89～93	分数的初步认识	√					分数的由来
三（上）	9	104～107	集合		√				韦恩图
三（下）	1	2～4	位置与方向（一）	√					地图上的方向
三（下）	3	36～39	复式统计表				√		生活中的统计
三（下）	4	46～48	笔算乘法	√					笔算乘法的前世今生
三（下）	5	61～63	面积和面积单位	√					面积的历史故事
三（下）	6	76～78	年、月、日	√					年、月、日的来历
三（下）	6	82～84	24 时计时法	√					24 时计时法的由来
三（下）	7	91～94	小数的初步认识	√					小数的来历
三（下）	8	101～104	搭配				√		生活中的搭配
四（上）	1	2～6	亿以内数的认识	√					美妙数学之“三位分级读数法”
四（上）	1	16～17	数的产生及十进制计数法	√					①数的演变史 ②神奇的“二进制”
四（上）	1	23～27	用计算器计算	√					计算工具的更迭
四（上）	2	34～36	公顷和平方千米	√					公顷的由来

续表

数学文化微课内容设计									
册数	单元	页码/页	微课内容	微课类型					微课题目
				数学史	数学家	数学游戏	生活中的数学	数学故事	
四（上）	3	40～41	角的度量	√					量角器的发展历史
四（上）	5	56～58	平行与垂直				√		生活中的垂直与平行
四（上）	5	70	神奇的莫比乌斯带	√					神奇的莫比乌斯带
四（上）	7	94～97	条形统计图				√		统计图在生活中的应用
四（上）	8	104～105	优化	√					关于优化思想
四（上）	8	106	优化					√	田忌赛马的故事
四（下）	1	2～7	四则运算	√					四则运算的由来
四（下）	1	9～11	括号	√					括号的由来
四（下）	2	13～16	观察物体			√			有趣的“俄罗斯方块”
四（下）	3	17～19	加法交换率、结合律				√		成语故事《朝三暮四》
四（下）	4	32～35	小数的意义和读写法		√				刘徽和他的“小数说”
四（下）	5	59～61	三角形的特性		√				朱世杰和他的“巴斯卡三角形”
四（下）	5	67～68	三角形的内角和		√				泰勒斯和欧几里得
四（下）	7	82～85	轴对称				√		美丽的轴对称
四（下）	7	87～89	转化计算面积	√					转化思想
四（下）	9	103～105	鸡兔同笼					√	古老的数学题：鸡兔同笼
五（上）	1	10	怎样盛出来？				√		怎样盛出来？

续表

数学文化微课内容设计									
册数	单元	页码/页	微课内容	微课类型					微课题目
				数学史	数学家	数学游戏	生活中的数学	数学故事	
五（上）	2	23	数对在生活中的应用				√		数对在生活中的应用
五（上）	3	38	数字黑洞					√	什么是数字黑洞？
五（上）	4	49	生活中的可能性				√		生活中的可能性
五（上）	5	63	方程	√					方程的发展
五（上）	5	72	猜数游戏			√			猜数游戏
五（上）	5	82	怎样取				√		怎样取
五（上）	6	92	方田章	√					方田章的由来
五（上）	6	96	出入相补	√					出入相补原理
五（上）	6	103	七巧板中的面积问题				√		七巧板中的面积问题
五（上）	7	111	方阵问题					√	生活中的方阵问题
五（下）	2	8	完美数					√	完美数
五（下）	2	13	3 的倍数特征揭秘					√	3 的倍数特征揭秘
五（下）	2	17	哥德巴赫猜想		√			√	哥德巴赫猜想
五（下）	3	21	欧几里得		√				几何学和欧几里得
五（下）	3	31	乘飞机的行李尺寸规定				√		乘飞机的行李尺寸规定
五（下）	3	35	立体图形体积	√					立体图形体积计算公式的发展
五（下）	4	56	分解质因数				√		分解质因数

续表

数学文化微课内容设计									
册数	单元	页码/页	微课内容	微课类型					微课题目
				数学史	数学家	数学游戏	生活中的数学	数学故事	
五（下）	4	61	用短除法和分解质因数法求最大公因数				√		用短除法和分解质因数法求最大公因数
五（下）	4	64	互质数				√		说说互质数
五（下）	4	67	约分						更相减损术
五（下）	4	69	用短除法和分解质因数法求最小公倍数				√		用短除法和分解质因数法求最小公倍数
五（下）	4	72	信息播报				√		信息播报
五（下）	4	79	什么样的最简分数能化成有限小数?				√		什么样的最简分数能化成有限小数？
五（下）	5	86	数学与艺术				√		数学与艺术
五（下）	8	114	找次品的规律					√	找次品的规律
六（上）	1	15	取半问题	√					取半问题
六（上）	3	45	音乐里的分数				√		音乐里的分数
六（上）	4	51	黄金比					√	黄金比的由来
六（上）	5	63	圆周率	√	√				圆周率的发展
六（上）	5	68	割圆术		√				刘徽与割圆术
六（上）	5	70	生活中的圆				√		生活中的圆
六（上）	6	83	恩格尔定律		√				恩格尔定律
六（上）	8	111	杨辉三角					√	杨辉三角
六（下）	1	4	正负数	√					古今中外正负数
六（下）	2	16	千分数、万分数				√		千分数、万分数

续表

数学文化微课内容设计									
册数	单元	页码/页	微课内容	微课类型					微课题目
				数学史	数学家	数学游戏	生活中的数学	数学故事	
六（下）	3	30	圆柱容球	√	√				圆柱容球
六（下）	3	34	动物洞穴与图形				√		动物洞穴与图形
六（下）	4	48	反比例图像				√		反比例图像
六（下）	4	59	图片的放大与缩小				√		图片的放大与缩小
六（下）	5	70	抽屉原理		√			√	抽屉原理
六（下）	6	104	七桥问题					√	七桥问题
六（下）	6	106	绿色出行、同比、环比				√		绿色出行、同比、环比
六（下）	6	112	杠杆原理					√	杠杆原理

（二）数学文化融入策略

项目组把教材中可以挖掘的数学文化资源进行了分类汇总，总结出了教材中将数学文化知识融入课堂的三种模式：一是导课引入——激发学生的探究欲望；二是课中适时融入——开阔学生思路；三是课后锦上添花——提供给学生课后探究学习的方向和资料。

1. 导课引入——激发学生的探究欲望

俗话说“好的开始是成功的一半”，课堂导入是一节课的开始，重要性不言而喻。铃声一响，学生的注意力还不能完全集中在课堂上，所以导课是否生动有趣，直接关系着学生能否快速、全身心地投入课堂学习活动中。将数学文化的丰富内容放在课前导课环节，可以很好地激发学生的探究欲望，奠定良好的课堂基础。根据项目组的实践研究，导课环节更多的是数学史相关内容的融入。

数学学科有着悠久的发展史。数学学科是一门注重积累的学科，其概念和方法都有很强的延续性，而数学史是数学文化的重要组成部分。数学史与数学教育简称“HPM”，已被广大的数学教师知晓并自觉地学习运用在教学过程中。目前，数学史在教学中出现的形式主要有：点缀式、附加式、复制式、顺应式、重构式。为了更好地使用，简单做以下介绍：

点缀式：使用教材中的相关知识与人物的插图，如数学家画像、数学主题的绘画、摄影作品等。例如学习圆周率时出示祖冲之画像等。

附加式：相关数学概念、符号、思想的起源，历史上数学问题、思想方法介绍等。例如分数的由来，加、减、乘、除符号的演变等。

复制式：直接采用历史上的数学问题、解法等，或者作为教科书开篇的历史溯源。例如让学生理解诸如“半广以乘正从”“以盈补虚为直田也”等。

顺应式：根据历史材料编制数学问题，或对历史上的思想进行适当改编。很多版本的教材中都编入了趣味数学或历史名题，比如“鸡兔同笼”“莫比乌斯带”等。

重构式：借鉴或重构知识的发生、发展历史，重演概念发生过程中的关键步骤，以适应现在小学生的认识方式。重构式难度较大，一是要了解概念历史的发展脉络，二是要将历史序与学生认知发展序、知识逻辑序相融合。①

在平时的教学过程中，我们往往会根据不同情况运用不同的融入方式。用附加式导入和顺应式导入数学史，是目前教师使用最多的两种方式。

（1）附加式导入

数学学科从诞生至今，产生了许多有趣的故事。数学是更注重抽象思维的学科，为增强学生学习的乐趣，拓宽学生视野，激发学生学习数学、探究数学奥秘的主动性，可在教学过程中融入趣味故事，讲述数学家成长的历程，学习数学家的探究精神。例如，在学习人教版《数学》五年级下册第二单元《质数和合数》一课时，先放课本中“你知道吗?”版块《哥德巴赫猜想》微课讲述陈景润与哥德巴赫猜想的故事，引人入胜的数学故事把学生深深地吸引到我们的课堂之中，这时再给他们讲质数与合数，他们的专注力就非常高了，枯燥的知识也变得生动有趣了。

（2）顺应式导入

导入新课时可以创设与教学内容相关的探究问题的情景，设置悬念，引起学生的探究欲望。以学习人教版《数学》六年级上册《圆的周长》一课为例，课堂开始，老师先把课本中“你知道吗?”版块内容展示给学生：“约两

---

① 参见汪晓勤：《HPM：数学史与数学教育》，科学出版社 2017 年版，第 321 页。

千年前，中国古代数学巨著《周髀算经》中就记载了‘周三径一’的说法，意思是圆的周长约是它的直径的 3 倍。真的是这样吗？让我们一起重走古人的探究之路。”

学生在探究过程中，就会不由自主地运用滚动法、缠绕法等计算周长的方法，这些方法本质上都是“化曲为直”的思想。当学生把自己探究的结论和古人的结论对比时，他们的自豪感会油然而生。数学文化就在潜移默化中传承了。

又如在学习《神奇的莫比乌斯带》一课时，教师可以直接抛出问题：“世界上存在只有一个面、一条边的物体吗?”引导学生思考探究，在探究过程中问题就迎刃而解了，学生理解和掌握起来也会更轻松。

2. 课中适时融入——开阔学生思路

数学文化的融入不仅限于导课环节，课中也要适时融入，让数学文化与教学内容有机融合，呈现给学生更加生动、更加鲜活的数学学习素材。课中常用的融入策略有数学思想方法融入策略、数学与其他学科融合策略。

(1) 数学思想方法融入策略

数学思想方法是对数学知识、方法、规律、本质的认识，是数学思维的高度概括与结晶。小学阶段学生的数学学习以形象思维为主，课堂上，老师要有意识地引领学生去感悟数学思想方法的魅力，体会思想方法的意义，加深学生对数学概念、算理等的理解。老师有意识地引导学生理解、运用数学思想方法解决问题的过程，将有效地提高学生解决问题的能力和数学思维品质。例如在学习人教版《数学》五年级上册第六单元《平行四边形的面积》一课时，通过割、补、平移、旋转等多种方法将平行四边形的面积转化为学过的长方形的面积，借助长方形的面积计算推导出平行四边形面积的计算公式。老师适时点拨，提出转化的数学思想方法。这样的课堂，可以让学生充分感受数学思想方法的重要意义，提升学生的思维品质。

(2) 数学与其他学科融合策略

文化的发展是相互作用、相互关联的，同样我们也不能孤立地看待数学文化。《义务教育数学课程标准（2022 年版）》中指出：“改变单一讲授式教学方式，注重启发式、探究式、参与式、互动式等，探索大单元教学，积极开展跨学科的主题式学习和项目式学习等综合性教学活动。”① 比如在学习了

① 中华人民共和国教育部：《义务教育数学课程标准（2022 年版）》，北京师范大学出版社 2022 年版，第 86 页。

分数的意义后，让学生感受音乐中的分数：节拍的全音符、半音符、四分之一音符、八分之一音符、十六分之一音符；让学生感受美食中的分数：披萨的二分之一、四分之一、六分之一、八分之一等。

3. 课后锦上添花——提供给学生课后探究学习的方向和资料

由于受课堂时间、空间的限制，一些数学探究活动无法课上开展，我们可以进行一体化探究作业设计，拓展学生学习的场域，为学生课后进一步学习提供探究的材料。

（1）数学探究活动融入

常言道："学起于思，思源于疑。"数学就是在不断探究的过程中开展的。例如，在学完人教版《数学》四年级下册《鸡兔同笼》后，结合教材给出的阅读材料，将"古人如何解决'鸡兔同笼'问题"作为学生课后探究的问题，让学生积极探究学习用"抬腿法"解决鸡兔同笼问题。例如，在学完人教版《数学》五年级上册《3 的倍数特征》后，给学生提供课后"你知道吗？"中的探究问题"为什么判断 2 或 5 的倍数，只需要看个位数？为什么判断一个数是不是 3 的倍数，要看各位上数的和？"让学生通过课下探究活动，不仅知其然，还要知其所以然，让学生感受数学的理性精神。

（2）数学阅读融入

数学阅读过程同一般阅读过程一样，是一个对语言符号的感知和认读、新概念的同化和顺应、阅读材料的理解和记忆的心理活动过程。同时，它还是一个不断假设、证明、想象、推理的积极能动的认知过程。阅读是理解的基础，数学语言发展水平低的学生，课堂上对数学语言信息的敏感性差，思维转换慢，从而造成知识接受质差量少，理解问题时常发生困难和错误。因此，培养学生自主阅读数学课本的意识和习惯，对于提高学生独立解决问题的能力有着现实的重要意义。培养学生的数学阅读能力，是树立学生终身学习本领的需要。要想使素质教育目标得到落实，使学生最终能独立自主地学习，就必须重视数学阅读教学。数学阅读枯燥无味，学生只要掌握了以阅读能力为核心的独立获取数学知识的能力，这样他们就能获得终身学习的本领，从而为以后的学习、工作奠定一定的基础。因此，项目组将数学阅读的内容作为学生课后继续学习材料。比如，在学完人教版《数学》一年级上册《10 的分合》后，设置了《十个人快乐大搬家》阅读活动。《十个人快乐大搬家》是一本适合孩子阅读的数学游戏书，书中有 10 个孩子分别住在左边的旧房子和右边的新房子里，每翻两页就会有人从左边的旧房子搬到右边的新房子里。

这样生动有趣的设计，让孩子们慢慢感受1和9、2和8、3和7……最终，孩子们会逐步建立起10的合与分的概念。

表3-3是项目组制定的人教版《数学》一年级上册阅读课程中可以融入的阅读材料。

表3-3　人教版《数学》一年级上册阅读材料梳理

	阅读材料
准备课	《世界上最帅的猪》《让谁先吃比较好》
位置	《会吐银子的石头》
1～5的认识和加减法	《真正的魔法师》《卡卡和他的牛》
认识图形（一）	《寻找消失的爸爸》
6～10的认识和加减法	《都到我这里来》《阳阳数鸡蛋》
11～20各数的认识	《有想除掉的东西》《过去人们怎么数数的》
认识钟表	《我的一天》
20以内的进位加法	《汪汪的生日派对》

二、单元视角，数学文化统整设计

目前，小学数学课堂教学大多是根据教材进行编排，以课时为单位进行教学，数学文化分散在每一个课时中，但是受时间、内容的限制，数学文化成为可有可无的“调味品”，这就使部分课堂中数学文化的融入停留在了解的浅层次水平。如何让我们梳理的、挖掘的、开发出的数学文化课程资源真正融入课堂这一教学的主阵地？如何突破数学文化部分内容受课时时间和空间限制无法融入课堂的现象？针对这些问题，我们开始探索优化整合相关的数学文化课内外资源和形式，进行数学文化统整设计，从单元视角出发，与课堂进行深度融合，改进数学教学方式，优化学生的学习方法，提升数学文化融入水平。

（一）以知识结构为依据，进行单元统整设计

单元整体教学设计要整体分析数学内容本质和学生认知规律，合理整合教学内容，分析“主题—单元—课时”的数学知识和核心素养主要表现，确定单元教学目标，并落实到教学活动各个环节，整体设计，分步实施，促进学生对数学教学内容的整体理解与把握，逐步培养学生数学核心素养。

1. 知识形成过程

（1）纵向连接式融入策略

纵向连接式融入是指将数学知识前后关联的、有因果关系的数学史、数学家故事、数学思想方法、数学趣题等融入课堂教学。纵向连接式融入应用比较广泛，像概念类、解决问题类课程一般会用纵向连接式融入。比如人教版《数学》四年级下册《鸡兔同笼》一课，我们就可以在创设情境、引入新课环节直接连接古代鸡兔同笼的问题；人教版《数学》四年级上册《烙饼的策略》一课，直接纵向连接烙饼策略中蕴含的华罗庚的优选法，介绍统筹优化思想；人教版《数学》六年级上册《圆的周长》一课，就是由圆的周长公式直接纵向连接式融入祖冲之和圆周率；人教版《数学》三年级上册《分数的初步认识》一课，可以纵向连接式融入有关分数演变的历史的相关数学文化知识。

（2）再现式融入策略

再现式融入策略主要是教师结合数学知识形成的历史，创设相似的问题情境让学生再次经历数学概念产生发展的过程，通过经历概念形成的探究过程，加深对数学知识的理解，培养学生的探究意识，积累学生数学活动的经验。如人教版《数学》五年级上册《分数的意义》一课，从分数产生于分入手，让学生经历分物引发冲突，体会分数产生的必要性，体会数学与生活的密切联系。这样的融入方式主要运用在概念课中，这种方式更利于学生对概念的理解。

2. 探究任务驱动过程

（1）游戏式融入策略

我们可以把抽象的数学知识创编成数学游戏，让学生在游戏中掌握知识，达到寓教于乐的目的，在玩中学，更能激发学生的探究兴趣。例如人教版《数学》四年级上册《田忌赛马》一课，就将田忌赛马的故事创编成扑克牌比大小的游戏，通过游戏突破本节课难点，理解对策论这一抽象的数学概念。

（2）拓展式融入策略

随着项目组研究的深入，项目组老师深刻地认识到，一些探究活动仅靠课堂时间很难完成，而作业作为课堂教学的有效补充与延伸，要与数学文化课堂教学内容相匹配，这是真正实现数学文化融入小学数学教学的重要途径和必然要求。同时，项目组通过调查发现，79.16％的学生对数学作业的认识只是停留在书面练习、口算、背诵公式等以基础知识、基本技能为主的基础性作业层面；92.21%的学生希望数学作业设计可选择的、多样化的，实践性和综合性强，以体验性、探究性为主的作业，这既符合“双减”政策对提高作业育人价值的设计要求，也与课题组对数学文化融入教学后对作业设计的要求相吻合。

如何合理地设计才能有利于数学文化的巩固，让学生感受到作业的文化属性与育人价值？项目组尝试从数学文化视域出发，设计以知识统整为内容，以主题性、探究性、实践性为主要形式的微项目式作业，让学生在综合运用数学知识解决问题的过程中，感受数学文化的魅力，提高学生理解数学、运用数学的水平，提升学生的探究能力与创新能力。这里的微项目式作业是基于项目式学习引导学生在做项目过程中经历真实的探究过程的理念来说的，即聚焦小主题研究，引导学生经历思考、探究过程，实现“在做中学”，从而积累活动经验、思维方法，最终实现素养提升的效果（见图 3-9）。

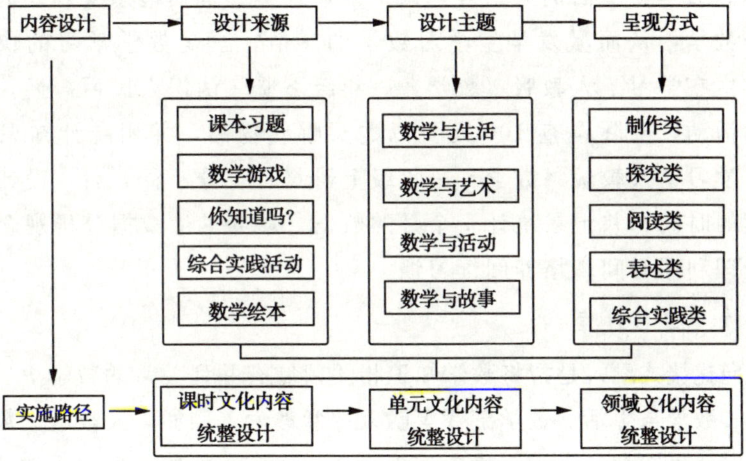

图 3-9　数学文化视域下微项目式作业设计

第一，制作类——“慧制”数学。“慧制”数学引导学生将学过的数学知识与艺术融合，通过动手制作作品，呈现自己对数学知识的理解和表达。例如设计利用轴对称知识创造美丽的图案，设计利用平移、旋转知识动手制作灯笼等。

第二，表达类——“慧讲”数学。“慧讲”数学展示活动通过学生讲星号题、数学家故事、数学史知识等，提升学生的语言表达能力。讲述数学家、数学史丰富了学生的数学知识，也有利于学生感受中外著名数学家的探究精神。通过这种作业设计，学生们不仅拥有了展示自己的舞台，而且还拓展了数学知识，增加了对数学的学习兴趣。

第三，探究类——“慧玩”数学。“慧玩”数学系列作业，分年级设计益智游戏探究作业：一年级——七巧板，二年级——汉诺塔，三年级——智力扣，四年级——二十四点，五年级——华容道，六年级——三阶魔方。学生在不断探究益智游戏破解方法、不断挑战破解速度的过程中，提升自己的思考能力，培养了探究意识。

第四，阅读类——“慧读”数学。数学阅读是学生与文本的对话，有助于提升学生语言理解和表达能力。结合教学进度设计“慧读”数学系列作业，比如在学习了人教版《数学》三年级上册《分数的初步认识》这个单元后，可以让学生读绘本《分数是分出来的》，加深对知识的理解。

第五，综合实践类——“慧做”数学。学生眼中的数学是什么样子的？让学生以文字、视频、图片、统计图等形式把生活中发现的数学知识、数学问题、数学与生活的关系等记录下来，让学生真切地感受到我们的生活离不开数学，从而激发学生学习数学的热情，享受数学学习的快乐。例如，学生在学习了人教版《数学》一年级下册《认识人民币》后，设计百元购物活动，实际调查 100 元可以购买哪些物品，并用统计知识记录下来；在学习了人教版《数学》三年级上册《时、分、秒》后，设计调查家人阅读的时间，并记录统计 1 个月的数据，培养学生数据分析观念，引导学生合理利用时间，培养阅读习惯。

3. 知识迁移过程

横向连接式融入是指将数学知识相关领域有并列关系的数学史、数学思想方法、数学与生活、数学游戏等融入课堂教学。例如，人教版《数学》五年级上册《可能性》一课，横向连接生活中的转盘抽奖、掷硬币游戏等；人教版《数学》二年级下册《平均分引发的思考》一课，由平移解决问题横向连接到旋转解决、割补法解决问题等。

（二）以目标结构为依据，进行单元统整设计

数学文化作为数学教学的重要内容，应该设计体现相应的教学目标。根据数学文化相关内容，可以以目标统整融合多种课型，共同实现设计目标。下面以人教版《数学》三年级上册《分数的初步认识》这一单元为例进行说明。本单元的教学目标是：

1. 结合具体情境，通过操作活动使学生初步认识几分之一和几分之

几；会读、写简单的分数；能比较简单分数的大小；会计算简单的同分母分数的加、减法。

2. 通过操作活动，进一步认识分数，知道把一些物体看作一个整体平均分成若干份，其中的一份或几份也可以用分数表示，能解决有关分数的简单实际问题。

3. 感悟数形结合的数学思想和方法，发展数感；体会分数在实际生活中的应用和价值。

《分数的初步认识》单元内容结构图如图 3-10 所示。

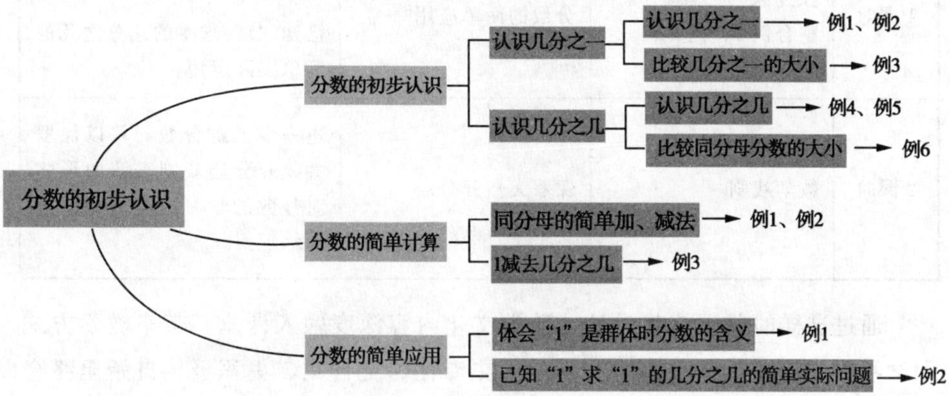

图 3-10 《分数的初步认识》单元内容结构图

为了更好地达成教学目标，项目组进行了多种课型统整设计，如表 3-4 所示。

表 3-4 《分数的初步认识》单元统整设计

课时	课型	课题	内容
1 课时	准备课 绘本阅读 《保罗大叔分披萨》 整合例 1、例 2、例 4、例 5	保罗大叔分披萨	认识几分之一 认识几分之几 观看微课《分数的演变》
1 课时	探究课 整合例 3、例 6	分数的大小比较	比较几分之一的大小 比较分母相同的分数的大小

续表

课时	课型	课题	内容
1 课时	探究课 整合分数简单计算例1、例2、例3	分数的简单计算	同分母的简单加、减法 1减去几分之几
1 课时	数学活动课	平均分引发的思考	进一步认识分数 渗透数形结合思想、转化思想
1 课时	探究课 整合例1、例2	分数的简单应用	体会“1”是群体，是分数的含义 已知“1”求1的几分之几的简单实际运用
2 课时	数学戏剧	保罗大叔开分店	进一步了解分数，并以保罗大叔开分店戏剧表演的形式对分数的学习内容进行综合展示汇报

通过这样的单元统整设计，数学文化内容深度融入课堂，带来教学方式和学习方式的变革。学生对数学学习更专注、更自觉、更积极，自始至终会对数学活动的进程（即思维过程）进行深入的思考、揣摩和解读，并努力把它外化为活动、语言、故事或游戏进行推进。单元统整设计使学生全员参与，起到激发学习兴趣、增强数学情感、增加互动参与、加深学习体验、深化数学思考、提高数学表达和沟通能力、促进实践和创新的作用。

（三）以数学思想方法为主线统整设计

将数学文化相关内容融入课堂时，要在尊重学科内在逻辑基础、学生的认知基础上，寻找相关数学史、数学思想方法的连接点，统整设计相关内容，达到帮助学生整体建构知识的目的。① 通过单元之力学习思想方法，加深学生对知识本质的理解，促进学生思维能力。

以人教版《数学》五年级上册《多边形的面积》单元为例进行说明。图3-11是单元内容结构。

① 参见马旭光、朱俊华：《基于单元整体设计的结构化教学策略》，《中小学教师培训》2021年第5期。

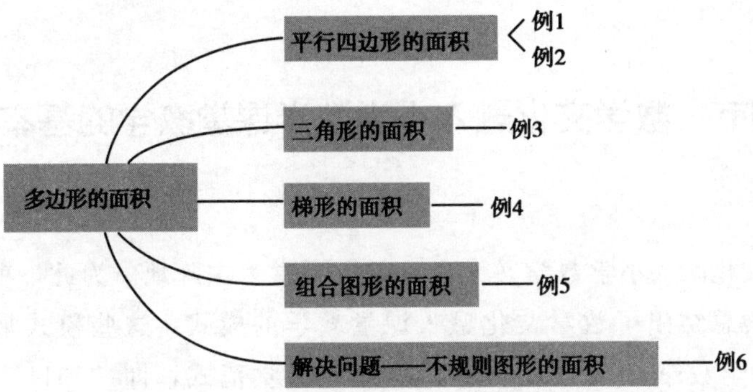

图 3-11　《多边形的面积》单元内容结构图

本单元研究的内容是在学生掌握了平行四边形、三角形、梯形的特征和长方形、正方形的面积基础上展开的，通过本单元的学习能够积累基础知识、基本技能、活动经验、思想方法，为后续进一步探究圆的面积和立体图形面积奠定基础。因此，本单元在图形与几何领域有着举足轻重的作用。通过本单元教学内容和教学目标的分析，可以将转化思想作为本单元的主线进行统整设计。整个单元都是将未知的新知识转化为学过的旧知来解决，探究的思路也体现了类比思想，学生通过整个单元的学习探究过程，迁移探究思路、方法，很好地掌握转化思想在解决问题中的重要作用（见图 3-12）。

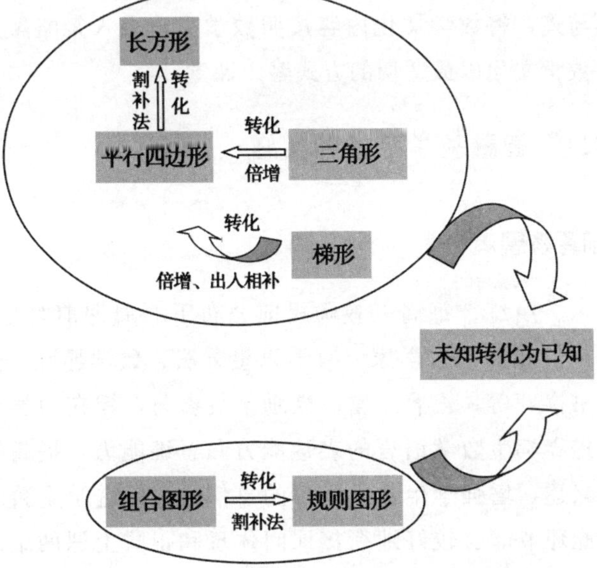

图 3-12　《多边形的面积》统整设计思路图

第四节　数学文化融入小学数学课堂教学的基本范式

数学文化融入小学数学教学最终是以课堂为主阵地。为此，项目组积极实践，探索总结出了数学文化融入课堂教学的模式，这些模式最终构建了“洪家楼小学数学文化融入教学”的基本课堂范式，即“1311”智融教学范式。

一、“1311”智融教学范式的含义

“1311”智融教学范式中的第1个“1”指树立数学文化理念，“3”指一体化设计课前、课中、课后的内容，第二个“1”指学生主体，第三个“1”指评价主线。“1311”范式主要是在树立数学文化的数学教育观下，充分发挥学生的主体性，改变传统课堂教学模式，改进学生学习方式，通过评价引领教师的教学行为和引导学生及时调整自己的学习行为。

鉴于数学文化丰富的内涵，本范式将对作业和课堂教学融合开展，将学习的场域从课堂拓展到生活，学习资源从课本拓展到课外，学习的方式从接受式到主动参与式，将数学文化内容按照数学文化融入策略融入教学的各个环节，以期将数学文化以最适切的方式融入课堂。

二、“1311”智融教学范式的实施

（一）课前智趣展演

展演即展示、演练。每周五教师提前公布下一周课前智趣展演的主题，主要是与教学内容相关的数学家、数学思想方法、数学趣题、数学史、数学游戏、数学好书推荐等，内容丰富。鼓励全员参与，旨在为学生搭建演练及展示的平台，提高学生数学语言的表达能力和思维能力，提高学生对数学的认识和学习的兴趣，增强学生数学学习的自信心，促进学生数学核心素养的发展。同时，此环节能够较好地衔接课间休息和正式上课两个时段，课堂伊始营造愉快的学习氛围，促使学生快速进入良好的学习状态。“展演”宜选取上课伊始3分钟左右的时间进行。借助多媒体课件、讲解、演练等，可以以

“独立完成、小组合作完成、擂台赛、竞技场、讲题达人秀”等形式开展。在这个环节中，既融入了数学文化的内容，也调动了学生参与的积极性。学生是展示的主体，教师通过评价给予学生鼓励和引导。评价分为学生评价和教师评价，记入学生个人多元评价记录和成长档案袋。

本环节时长一般3分钟左右，不宜过长，可以采用直观演示、小组合作、多媒体呈现等方式展开。

（二）核心教学环节

核心教学环节包括六个步骤，可以根据实际情况增减、调整或者整合(下面将有具体介绍)。其中，学情前测是课中核心教学环节的引子环节。学情前测环节可前置到前一天的作业布置环节，并合理融入教学环节中。

学生是学习的主体，只有充分了解学情，才能做到精准教学。“1311”智融教学范式建议，学情前测的设计要与教学内容相关，内容可以是活动式、资料搜集式、问卷调研式、学具制作式等，以期达成两个方面的目的。一是旨在唤醒学生的学习记忆，为学生学习新知做好准备；二是为教师提供第一手的学情资料，为教师教学设计与教学实施做好准备。因此，学情前测一定要“超前”，第一次的“超前”要在先周教学设计前做基本思考，教师可以根据一般性的学情写出初稿教案；第二次的“超前”要在教学实施之前，要为课堂教学环节的微调提供最直接的依据。

因此，建议将学情前测前置到前一天的布置作业环节，作为作业的第二部分内容呈现。

教师对于学情前测完成后的处理，可以根据具体内容分为两种形式：一是模糊分析，大体了解学生的完成情况；二是具体数据分析，详细定位学生的完成层次。不论是哪种分析，最终都要在实际的课堂教学实施中有所体现。

学情前测环节前置是“课前、课中、课后”一体化设计的重要环节，也是提高课堂效率所进行的有效思考与尝试之一。

学情前测环节不出现在核心教学过程中。核心教学主要包含以下六个环节。

1. 创设情境，聚焦问题

这是该节课进入新知教学的第一个环节，其核心意义在于激发学生的问题意识和探究动机。要引导学生主动建构情境，意在引发学生认识的不平衡并帮助学生生成新的认识。情境创设的着眼点在于激发学生学习的兴趣，调动学生学习的积极性，引起合理的数学思考，提出合理的数学问题。

《义务教育数学课程标准（2022 年版）》指出：“注重创设真实情境。真实情境创设可从社会生活、科学和学生已有数学经验等方面入手，围绕教学任务，选择贴近学生生活经验、符合学生年龄特点和认知加工特点的素材。注重情境素材的育人功能，如体现中国数学家贡献的素材，帮助学生了解和领悟中华民族独特的数学智慧，增强文化自信和民族自豪感。注重情境的多样化，让学生感受数学在现实世界的广泛应用，体会数学的价值。”① 基于此，在情境创设中，主要包含生活化情境、趣味化情境、活动化情境、思想方法迁移情境、学科融合化情境等形式。

第一，生活化情境。数学来源于生活，服务于生活。在教学中，教师要注重挖掘生活中的资源，以学生熟悉的、感兴趣的生活经验开启探索之旅。让学生尝试提取信息，从中发现和提出问题，并进一步分析和解决问题。

第二，趣味化情境。根据学习目标与学习内容的特定需求，借助数学游戏、数学故事、数学情景剧等创设特定的思维场，让学生身临其境，从中发现问题，引起对问题的探究。趣味化情境要把握好情境的趣味性与其内在数学特征的基本关系，不能让情境喧宾夺主。

第三，活动化情境。也可以称之为“操作化情境”。结合动手实践，调动学生的感官，让学生亲身感受，从而发现问题，或者是思路的阻碍之处，或者是观点的矛盾之处，或者是认知的发展之处……这些都可以作为学生最近发展区的最佳利用素材。活动化情境要兼顾学生的“参与热情”与“合理思考”的有机统一，注意“乱中求序”。

第四，思想方法迁移情境。这是对以往思想方法、活动经验的正迁移。需要教师对相应知识有一个系统的认知，能够熟知知识之间的层次结构、内在联系与区别，能够有一个单元性的、版块性的整体架构。可以是对以往知识的回顾复习，也可以是对以往思想方法的再次梳理。可以根据学情前测，适当调整复习题目等。

第五，学科融合化情境。《义务教育数学课程标准（2022 年版）》指出：“注重数学知识与方法的层次性和多样性，适当考虑跨学科主题学习。”② 同

---

① 中华人民共和国教育部：《义务教育数学课程标准（2022 年版）》，北京师范大学出版社 2022 年版，第 87 页。

② 中华人民共和国教育部：《义务教育数学课程标准（2022 年版）》，北京师范大学出版社 2022 年版，第 3 页。

时，学生的学习与认知并不是单一的，不是非此即彼的排他性存在，而是一个系统的、融合化的组成。学生的认知经验是一个庞杂的存在，随着年龄的增长，这种庞杂会变得博大精深，需要教师帮助他们析取有用信息加以利用。因此，学科化融合、经验化融合、不同领域化融合都将成为学生的学习助力。

“情境创设”的形式多样，可以根据不同需求设置。情境创设的最终落脚点应该在于“真实问题”。要能根据学习内容的需要，提出合理的问题，进而转入对该问题的探究、解决，即开启对新知的学习。

一个好的情境创设应有利于揭示所学内容的主题；有利于和学生的经验、技能、思想等产生共鸣，搭建学习通道；有利于启发学生思维，让学生自主提出问题；有利于促进整个学习的发展；等等。换言之，情境创设是教师在一定的教学目标要求下，有意设定的思维场，吸引学生积极参与进来，并能主动地发现问题、提出问题、分析问题、解决问题。

本环节时长一般 3 分钟左右，不宜过长，可以采用直观演示、师生合作、多媒体呈现等方式展开。

2. 合作探究，分析问题

这是为了解决情境创设环节提出的数学问题而设置的一个学习环节，是针对问题解决所设置的合理的、必要的探究过程。《义务教育数学课程标准（2022 年版）》指出：“学生的学习应是一个主动的过程，认真听讲、独立思考、动手实践、自主探索、合作交流等是学习数学的重要方式。”[①] 充分说明了学生自主发展、科学研究的必要性，此环节正是在这样的考量下设置的，符合学生学习的年龄特点和学科特点。

合作探究的前提是独立思考，这是非常必要的环节。要让学生带着思想去交流，带着想法去探究，不能单纯地从一个听众变为一个受众。

不论是独立思考还是合作探究，都要给出明确的指导建议。指导建议要方向明确、思路清晰、层次分明，具有较高的可操作性。

合作探究一般采取小组合作的形式进行，可以根据年段特点设置 2 人组、4 人组、6 人组等。课堂上的探究不建议 6 人以上组队，课下的或者项目式的探究可以适当增加人数。

在一堂课中，合作探究可以根据教学内容、教学活动的需要，设置 1～2

---

① 中华人民共和国教育部：《义务教育数学课程标准（2022 年版）》，北京师范大学出版社 2022 年版，第 3 页。

次，不宜过多。

该环节教师可以进行指导，但是要注意方式方法。教师的指导应是启发式的、引导式的，应多以问题去引领，切忌讲解式的伪指导。

小组探究最终要有自己的作品，此作品可以表现为针对探究内容的观点、意见或建议。如果不能形成作品，要讲清楚探究过程中遇到的阻碍、问题、困惑等。

本环节建议时长 8 分钟左右，可按课堂实际情况进行适当调整。

3. 汇报交流，解决问题

这是一个对各个小组的探究作品进行更大范围的思维碰撞、达成共识的过程。教师要根据对学生合作探究巡视过程中获取的信息合理地、有重点性和层次性地组织学生对作品进行交流、展示与汇报。建议以小组形式汇报，可以是重点组员讲解，其他人员补充，也可以是组员之间的分工合作展现。

这是一个学生展示其思维的敏捷性、层次性以及深度和广度的过程，是一个展示其语言表达的效度、感染力、条理性的过程，是一个群体认可度的交流适应性过程，是一个展示其成果作品的有成就感的过程……在这样的过程中，学生是绝对的主角，教师要舍得给学生空间，不能美其名曰“不放心”而替代学生讲解。

本环节建议时长 5 分钟左右，可按课堂实际情况进行适当调整。

4. 对标练习，巩固内化

练习设计采用一般分层形式。此环节的对标练习属于初步学习后的基础练习与提高练习，是对学习内容的巩固深化，更是学生形成基本的数学技能的重要环节。此环节要求和教学目标一体化设计，结合课后习题进行对标练习。具体操作流程如下：

一是再次梳理该课时的教学目标。

二是习题归类先行。把课后的“做一做”和“练习 X”中的题目先行归类整理。可以设计两轮归类：一是先进行宏观归类，把习题划归到各个例题或学习内容中；二是微观归类，把同一内容下的题目，按照教学目标进行再次划分，习题和教学目标对应，便于进行对标练习。归类过程中，可以根据题目的特点调整顺序、整合信息、增减内容等，让“对标”更加有效。

三是对标练习。把归类好的题目按照教学目标、习题的特点进行分层对标练习。把课后习题先行梳理，然后有机融入课堂教学当中，进行靶向练习，这样能够精准指向教学目标，提高课堂效率，达到事半功倍的效果。

此环节建议时长 10 分钟左右，可按课堂实际情况进行适当调整。

5. 举一反三，拓展提高

同对标练习一样，该环节属于分层练习的一种，是在完成了基础训练的基础上进行的综合、拓展练习。采用“保底不封顶”的形式，满足不同层次学生的需要，挖掘学生学习的潜力，激发学生学习的动力。

可以根据例题和习题内容进行补练、仿练、创编、变式、综合、提高训练等，拓展学生认知广度与深度，提高其解决问题的意识与能力，同时也培养了师生的命题意识与能力。

本环节建议时长 5 分钟左右，可按课堂实际情况进行适当调整。

注意：第 4、5 条可以根据实际情况统筹设计。

6. 全课总结，布置作业

全课总结是对所学知识内容和思想方法的梳理、总结、提升，要与学生以往经验做好对接、融合，还可以为后续要学习的内容做好铺垫，承上启下。通过学生的自我反馈，发现其学习的短板，便于教师做好应对措施。要注重师生情感态度的良性保持，并做适当升华。全课总结可以采取师生合作形式进行。

作业是对学生当天所学知识的巩固训练，是对学生学习掌握情况的实时监测，也是对学生良好学习习惯、坚韧学习品质的有效培养。作业的布置有益于家校沟通，共培共育。但要注意，一、二年级不布置书面家庭作业，可在校内适当安排巩固练习。

布置的作业应包含以下两部分内容：

第一，对当天新知内容的巩固、综合、提升性训练，尽量做到当日内容当日清。作业内容可以是教科书习题，也可以是举一反三的训练；可以是基础知识性作业，也可以是综合性、实践性、探索性、活动化、项目化等作业。

第二，对第二天学习内容的学前准备，包含资料搜集、问卷调查、学具制作、知识前测等。关于学情前测的处理前面已经做了说明，在此不再赘述。

此环节建议时长 2 分钟左右，可按课堂实际情况进行适当调整。

核心教学的六个环节是课堂教学的一般流程，可以根据具体教学内容的性质、多少等做合理增减、微调、整合、叠加、拆解等。

（三）当堂测评

评价既是对教学目标与教学成效的检验，也是对教育理念和实践的及时反思与纠偏。测评不仅要关注学习的结果更要关注学习的过程，当堂测评环节可以让学生通过评价量规自行对本节课的学习过程和学业质量评价量化，并及时组内交流、全班汇报，也可以通过纸笔检测、口头检测、动手操作等形式进行。当堂检测的形式多种多样，对当堂测评题目要做好数据分析，争取每一位学生的达标率要在80%以上。

当堂测评能够让师生对当堂知识的学习有一个明晰的、清醒的认知，促进“当堂清、当日清”的有效落实。当堂测评能够做到两个筛选：一是能够帮助学生有效筛选已掌握的知识和掌握不理想的知识；二是能够帮助教师有效筛选不同掌握层次的学生，从而能够帮助师生总结梳理、查缺补漏、精准培优或进行补偿训练。

本环节建议时长5分钟左右，可按课堂实际情况进行适当调整。

三、“1311”智融教学范式的变式与展望

“1311”智融教学范式不应该是固化的、机械的，而应该是一个不断完善、不断迭代的过程，教学范式的变革是一个不断实践、不断探索、不断改进的过程。如何让通用的课堂范式与各种不同课型、不同教学样态相融合，呈现出多样的、个性的、有效的课堂？如何让数学文化在这个范式中融入得更适切、更广泛、更有深度？如何让评价更有效、更多元、更有价值？这些问题都值得项目组进一步研究与探索。

第四章　数学文化校本课程的构建

课程是文化的载体，也是学生学习的重要依据。《国务院关于基础教育改革与发展的决定》和《基础教育课程改革纲要》都明确提出，为保障和促进课程对不同地区、学校和学生的适应性，要实行国家、地方和学校三级课程管理，并进一步指出，国家制定中小学课程发展的总体规划，确定国家课程的门类和课时，制定国家课程标准，宏观指导中小学的课程实施。在保证实施国家课程的基础上，鼓励地方开发适应本地区的地方课程，结合本校的传统和优势、学生的兴趣与需要，开发或选用适合本校的课程。自 2015 年起，洪家楼小学就致力于构建“文化＋”背景下的“融慧”课程体系。“融”即“融合”“融入”，融合教育资源，将数学文化资源有机融入学校数学课程；“慧”即“智慧”，以“文化＋”理念为指导，从顶层设计学校课程，融合国家、地方、校本三级课程资源。

第一节　数学文化校本课程的构建目标

《义务教育数学课程标准（2022 年版）》中指出：“课程内容选择。保持相对稳定的学科体系，体现数学学科特征；关注数学学科发展前沿与数学文化，继承和弘扬中华优秀传统文化；与时俱进，反映现代科学技术与社会发展需要；符合学生的认知规律，有助于学生理解、掌握数学的基础知识和基本技能，形成数学基本思想，积累数学基本活动经验，发展核心素养。”① 数学文化课程的目标是要提高学生的数学核心素养，培养学生学习数学的兴趣，

① 中华人民共和国教育部：《义务教育数学课程标准（2022 年版）》，北京师范大学出版社 2022 年版，第 2 页。

更为有效地推进素质教育。

一、立足“文化＋”背景下“融慧”基础课程，助力夯实“四基”

国家课程是学校的“基础课程”，国家课程如何实现校本化是学校课程实施面临的切实问题，也是学校提高教学质量的关键问题。在新课改理念的指导下，教师要善于对教材进行重组、对学习方式进行选择、对教材进行理解把握、对后续教学进行拓展。《义务教育数学课程标准（2022 年版）》指出：“课程目标以学生发展为本，以核心素养为导向，进一步强调学生获得数学基础知识、基本技能、基本思想和基本活动经验。”[①]（本书简称“四基”）数学文化的学习，有助于学生对“四基”的掌握。课程标准特别强调数学文化的重要作用，因此，教师要在教学中通过各种形式来渗透数学文化。

在课程标准的课程实施教材编写建议中谈到，数学文化作为教材的组成部分，应渗透到整套教材中。内容设计要反映数学在自然与社会中的应用，展现数学发展史中的伟大数学家，特别是中国古代与近现代著名数学家，以及他们的数学成果在人类文明发展中的作用，增强学生的爱国情怀和民族自豪感。基于课程标准的要求，各个版本的小学数学教材中都设立了介绍数学文化的栏目，如人教版小学数学教材中注重体现数学文化的价值，从一年级开始就以生动有趣、易于阅读的形式，设置了“你知道吗?”“生活中的数学”“数学游戏”等版块，向学生介绍一些有关数学史的知识、数学趣闻、数学发现、数学家的故事等，这些栏目的设置是数学文化课程开发的基础。在数学文化校本课程构建的过程中首先要梳理教材资源，捕捉渗透基点。

（一）构建“文化＋”背景下“融慧”课程体系，助力学生了解数学基础知识和基本技能的来源

通常认为，数学基础知识是指数学中的概念、法则、性质、公式、公理和定理。基本技能是指能够按照一定的程序与步骤进行运算、作图或画图，进行简单的推理。在长期的数学学习中，学生学习的内容主要针对的是数学知识本身，精力多集中在对数学概念及其性质的记忆上，较少从文化的视角全面地认识数学概念，知其然而不知其所以然，不了解数学概念被发现的过

---

① 中华人民共和国教育部：《义务教育数学课程标准（2022 年版）》，北京师范大学出版社 2022 年版，第 2 页。

程，缺少数学思维品质和创新意识。数学文化课程有助于学生全面认识和理解数学概念提出的合理性，从文化的层面增强学生对数学概念的理解，并全方位地认识数学概念。

以人教版各年级“数与代数”为例，教材中以“你知道吗?”的形式呈现了许多数学文化的渗透基点，在教学过程中我们要合理利用好这些素材，助力学生学科核心素养的提升。例如，在低年级学生学习了万以内数的认识之后，教材呈现了算盘的演化过程。算盘的历史悠久，是中国的伟大发明。那么算盘是如何得来的呢？古时人们用石子计数，一颗石子代表 1；后来用算筹计数，一根算筹竖放代表 1，横放代表 5；再往后用摆珠子的方式计数，上面的蓝珠子代表 5，下面的黄珠子代表 1，计数时把上面的珠子和下面的珠子拿到中间的格子里，最终慢慢改进成用算盘计数。在中年级学生学完了“分数的产生”后，教材呈现了古今中外数字产生后发展演变的过程，开阔了学生的视野，丰富了学生对数学文化内涵的了解。在高年级学生认识了百分数之后，课本上呈现了德国数学家恩格尔的故事、百分数的数学史料及百分数在日常生活中的应用。适时向学生介绍这些数学文化知识，可以丰富教学的内容，拓宽学生的眼界，提高学生的兴趣。

（二）构建“文化+”背景下“融慧”课程体系，助力学生感悟数学思想方法

数学基本思想主要是指抽象、推理和建模，还包括基本思想派生出来的分类、集合、符号、数形结合、归纳、演绎、转化等数学思想方法。数学思想是数学的核心，也是数学学科的主要学习内容之一。

人教版各年级教材以“数学游戏”的形式呈现了许多“数学趣题”。在教学过程中我们要合理挖掘使用好这些素材，发展学生数学思维，让学生感悟数学思想方法，提升数学学科核心素养。

例如，在一年级下册中，让学生在九宫格中画△、□和○，使每行每列都有这三种图形，类似于最简单的数独游戏，让学生自己创造符合要求的有规律的排列，同时感受其他排列规律。数独的玩法逻辑简单，数字排列方式千变万化，难易程度不等。在教学过程中，我们可以根据学生的年龄特点进行设计，并以此为主题开设校本课程，在游戏中锻炼学生的推理能力，训练学生的思维能力。中年级学生学习了“倍的认识”之后，教材呈现了一道相关的“数学趣题”，题目是这样描述的：“一种细菌经过一分钟就由原来的 1 个变成 2 个，经过 3 分钟，这种细菌的数量是原来的多少倍?”除了文字描

述，为了便于学生理解数量关系，题目还配了示意图。学生很容易列出“2×3=6”，问题解决。在教学中，可先让学生自主解答，注意典型问题。学生汇报交流后，引导学生接着教材的图画下去，直观地看到每次变化的结果，检验自己解题的思路和方法。注意帮助学生理解“每过 1 分钟，就由原来的 1 个变成 2 个”就是“每过 1 分钟，细菌的数量就变成原来的 2 倍”。接着，还可以让学生用不同的“细菌起始数量”进行实验，通过计算、画图发现，无论最初细菌的数量是多少，都有同样的倍数关系，在解决问题的过程中数形结合渗透数学模型思想，发展学生的推理能力。

“转化”也是小学数学阶段最常用的数学思想方法之一。例如，在高年级教学《圆的面积》一课时，介绍刘徽的数学成就，其中有这么一句话：“割之弥细，所失弥少，割之又割，以至于不可割，则与圆合体而无所失矣。”让同学们谈谈对这句话的理解，然后播放“割圆术”的视频资料，让同学们深切感受到“转化”思想方法在圆面积计算公式推导过程中的运用。

（三）构建“文化+”背景下“融慧”课程体系，助力丰富学生的数学活动经验

数学基本活动经验主要是指通过具体操作所获得的经验，是对看得见、摸得着的东西进行直接操作；基本活动经验是建立在生活经验基础之上的，是在具体的数学学习活动中逐渐积累的、逐步得到的东西。“综合与实践”领域则是帮助学生积累“数学基本活动经验”的主要实施阵地。

学校项目组研究成员对现行人教版教材中的“综合与实践”领域的内容进行了梳理，如表 4-1 所示。

表 4-1　“综合与实践”内容梳理

年级	册别	“综合与实践”内容
一	上	数学乐园
	下	摆一摆，想一想
二	上	量一量，比一比
	下	小小设计师
三	上	数字编码
	下	制作活动日历　我们的校园

续表

年级	册别	“综合与实践”内容
四	上	1亿有多大
	下	营养午餐
五	上	掷一掷
	下	探索图形　打电话
六	上	确定起跑线　剪一剪
	下	自行车里的数学
……		

小学阶段“综合与实践”领域，主要是以主题式学习的形式，让学生感悟自然界和生活中的数学，在获取知识的同时，激发学生学习数学的兴趣。初中阶段“综合与实践”领域，可采用项目式学习的方式，以问题解决为导向，整合数学与其他学科的知识和思想方法，让学生从数学的角度观察与分析、思考与表达、解决与阐释社会生活以及科学技术中遇到的现实问题，感受数学与科学、经济、金融、地理、艺术等学科领域的融合，积累数学活动经验，体会数学的科学价值，提高发现与提出问题、分析与解决问题的能力，发展应用意识、创新意识和实践能力。①

1. 一年级《摆一摆，想一想》

通过在数位表上摆圆片的活动，探究圆片个数与所摆出的数的个数之间的关系，巩固数位和位置的概念，深化对100以内数的认识，使学生学会发现规律，并能用发现的规律解决一些简单的问题，培养学生初步的归纳能力；使学生在自主探索中体会有序思考的重要性，在合作交流中养成倾听、有条理地表达想法的习惯和意识，感受到数学的“好玩”，喜欢数学并愿意学习数学。

2. 二年级《小小设计师》

学生经历观察、操作及合作交流的过程，获得用图形的运动设计图案的基本方法，在想象图形运动的过程中发展学生的空间观念。在欣赏图形运动所创造出的美丽图案的过程中，进一步感受轴对称、平移和旋转在生活中的应用，感受数学的美，体会数学学习的价值。

① 参见申治国：《研磨试题的“三重境界”》，《中学数学教学参考》2022年第3期。

3. 三年级《制作活动年历》

在制作日历的过程中，巩固关于年、月、日的知识，从年到月再到日，掌握它们之间的内在联系。在探索年历制作方法的同时，体验年历在生活中的作用，激发学生学数学、用数学的兴趣，以及收集、整理、分析信息的能力。学生在交流合作、操作实践、获取知识的过程中，提升主动探索的意识和团队协作的精神。

4. 四年级《1亿有多大》

通过具体事物感受1亿的大小，发展数感，感受数学与生活的密切联系。初步使学生获得解决问题的一些策略和方法，初步渗透选用类推解决问题的数学思想。通过探究活动，经历猜想、实验、推理和对照的过程，发展学生解决问题的能力，培养学生学习数学的兴趣，使学生增强参与和合作意识，初步树立运用数学解决问题的信心，有机渗透节约、环保、国情教育等。

5. 五年级《掷一掷》

巩固“组合”的有关知识，探讨事件发生的可能性的大小，初步感知大概率事件。经历猜想、实验、验证的过程，学会操作、观察和分析的方法，初步感受统计、组合背后有序的数学思想，养成合作学习的习惯，提高动手实践能力。在愉悦的操作中感受数学的奥秘，获得成功的体验，提高学习数学的兴趣。

6. 六年级《确定起跑线》

通过教学活动了解田径跑道的结构，学会确定跑道起跑线的方法。结合具体的实际问题，通过观察、比较、分析、归纳等数学活动，通过独立思考与合作交流等提高学生解决实际问题的能力。在主动参与数学活动的过程中，切实体会探索的乐趣，感受数学知识在生活中的广泛应用。

二、开发“文化＋”背景下“融慧”拓展课程，提升核心素养

义务教育数学课程以习近平新时代中国特色社会主义思想为指导，全面贯彻党的教育方针，遵循教育教学规律，落实立德树人根本任务，发展素质教育。数学课程确立了以核心素养为导向的课程目标，包括以下三个方面：一是会用数学的眼光观察现实世界，二是会用数学的思维思考现实世界，三是会用数学的语言表达现实世界。小学阶段，核心素养主要表现为：数感、量感、符号意识、运算能力、几何直观、空间观念、推理意识、数据意识、

模型意识、应用意识、创新意识。[①] 洪家楼小学开设了“文化＋”背景下“融慧”拓展课程——“数学文化＋阅读”“数学文化＋游戏”“数学文化＋艺术”“数学文化＋生活”等校本课程资源。每周周三和周五下午，学生可以根据自己感兴趣的数学文化项目有选择地参与数学文化实践活动，这也是洪家楼小学国家课程校本化实施的一个重要体现。在“文化＋”背景下，“融慧”课程体系的建构过程严格按照课程标准要求，立足学生核心素养的发展，体现课程的育人价值。

(一) 构建“数学文化＋阅读”课程，开阔学生视野——“慧发现”

学校开设了“数学文化＋阅读”的“慧读”特色课程。根据学生的年龄段特点开发了“低年级绘本阅读”“中年级阅读＋思维导图”“高年级创编数学绘本”等不同形式的阅读实践活动，培养学生的数学阅读能力。数学阅读不但能提升学生的理解、思维能力，更能开阔学生视野，启迪学生用数学的眼光去观察现实世界。数学阅读能更好地发展学生思维的敏捷性和深刻性，而且通过数学阅读学生能更好地了解数学发展史，了解数学家的故事，感受数学文化的博大精深。

(二) 构建“数学文化＋益智活动”课程，发展学生思维——“慧思考”

古往今来，数学教育的理论与实践都已证明：游戏对于数学学习有极大的价值。学校开发了“低年级七巧板益智活动”“中年级数独益智活动”“高年级魔方益智活动”等“数学文化＋益智活动”的“慧玩”校本课程资源，让学生在最感兴趣且寓教于乐的活动过程中感受数学的“好玩”，通过数学的思维，揭示客观事物的本质属性，建立数学对象之间、数学与现实世界之间的逻辑联系，培养科学态度与理性精神。

(三) 构建“数学文化＋艺术”课程，感受数学魅力——“慧表达”

数学是抽象的、理性的，艺术是形象的、感性的，两者看似没有交集，实则相互融合共生。基于此，学校开发实施了“低年级图形画”“寻找生活中的对称”等“慧画”课程资源和“数学戏剧”“数学演讲”等“慧话”课程资源。让学生经历用数学语言、图形表达现实世界中的简单数量关系与空间形

① 参见中华人民共和国教育部：《义务教育数学课程标准（2022 年版）》，北京师范大学出版社 2022 年版，第 5～7 页。

式的过程，感悟数学与现实世界的交流方式；欣赏数学的简洁与优美，逐步养成用数学语言表达与交流的习惯；用数学的符号记录与呈现，形成跨学科的应用意识与实践能力。

三、实施“文化＋”背景下“融慧”探究课程，增强文化认同

（一）构建“数学文化＋游戏”课程，提升数学创造思维——“慧创新”

《义务教育数学课程标准（2022 年版）》明确指出：“数学教育承载着落实立德树人根本任务、实施素质教育的功能。义务教育数学课程具有基础性、普及性和发展性。学生通过数学课程的学习，掌握适应现代生活及进一步学习必备的基础知识和基本技能、基本思想和基本活动经验；激发学习数学的兴趣，养成独立思考的习惯和合作交流的意愿；发展实践能力和创新精神，形成和发展核心素养，增强社会责任感，树立正确的世界观、人生观、价值观。”① 数学文化对培养学生学习数学的情感态度价值观具有重要的作用。数学在形成人的理性思维、科学精神和促进个人智力发展、培养人的创新精神过程中发挥着不可替代的作用。数学是一种文化，也是一种精神，我们在数学教学中要注重培养学生养成一丝不苟、严谨求实的科学态度，让学生感悟重事实、讲道理、求创新的科学精神。基于此，洪家楼小学前期开发实施了“数学文化＋游戏”“数学文化＋魔术”等课后探究课程，让学生在丰富的数学益智游戏及揭秘数学魔术的探究过程中体会数学的神奇魅力，培养学生的创新意识。

（二）构建“数学文化＋实践”课程，体会数学应用价值——“慧应用”

应用意识主要是指有意识地利用数学的概念、原理和方法解释现实世界中的现象与规律，解决现实世界中的问题。《义务教育数学课程标准（2022 年版）》在各学段“数学与代数”“图形与几何”“统计与概率”“综合与实践”领域，均强调了应用的重要性。现行人教版教材中，主要是通过“解决问题”来体现数学知识的应用价值，每册中也涉及了相关的数学文化、数学发展前沿知识介绍，但为数不多。“文化＋”背景下“融慧”课程体系，结合学生知识基础及感兴趣的主题，呈现了丰富的数学文化知识相关内容。在每册教材

---

① 中华人民共和国教育部：《义务教育数学课程标准（2022 年版）》，北京师范大学出版社 2022 年版，第 1 页。

中都设置了一至两个“综合与实践”领域的内容，这部分内容与学生的现实生活有着十分密切的联系，包括查阅资料、校外调查、自主探索等。例如六年级下册《绿色出行》一课，在活动过程中，培养学生的调查、收集、整理、合作等能力；活动联系学生生活，注意渗透环境保护法，并倡导：“绿色出行，爱我家园！从我做起，从身边做起！”

《义务教育数学课程标准（2011 年版）》和《义务教育数学课程标准（2022 年版）》都强调，在教师的指导下，引导学生初步学会用数学的眼光观察，尝试探索、发现并提出问题，将所学的数学知识应用于解决现实生活中的问题，形成初步的模型意识和应用意识。基于此，学校开发了“数说中国”“保护水资源”等一系列的课后探究作业。为庆祝中国共产党建党 100 周年，学校中高年级组开展了“数说中国——庆祝中国共产党成立 100 周年”主题活动，通过查阅资料、访谈调查等形式，用数字来描述中华人民共和国成立以来在工业、农业、医疗、科技、体育等方面发生的日新月异的变化，如“数说中国航天”“数说中国农业”“数说中国经济”“数说中国体育”“数说中国交通”等。通过数据对比，让学生感受到祖国的发展变化，增强民族自豪感和自信心，同时也让学生感受到数学的应用价值。

数学文化可以让学生体验到数学在日常生活中的应用价值。数学文化能够引导学生在现实生活中用数学的眼光发现问题、解决问题，可以让学生看到数学在科学研究中的应用价值，有助于学生树立学习数学的信念。

以上从立足基础课程，助力夯实“四基”；开发拓展课程，提升核心素养；实施探究课程，增强文化认同三个方面具体阐述了“文化＋”背景下“融慧”课程数学文化校本课程的构建目标。旨在通过课程的创建，助力学生学会用数学的眼光看待现实世界，学会用数学的思维思考现实世界，学会用数学的语言表达现实世界。

第二节 数学文化校本课程的构建思路

学校教育功能的实现有赖于课程，知识技能、主流价值观、行为规范等都需要课程这个载体来加以传授，因而课程就成了教育的“心脏”。《义务教育数学课程标准（2022 年版）》中指出：“数学课程内容要关注数学学科发展前沿与数学文化，继承和弘扬中华优秀传统文化；与时俱进，反映现代科学技术与社会发展需要；符合学生的认知规律，有助于学生理解、掌握数学的基础知识和基本技能，形成数学基本思想，积累数学基本活动经验，发展核心素养。”① 课程标准特别强调数学文化的重要作用，要求通过各种形式来渗透数学文化。数学文化校本课程的开发与实践，是渗透数学文化、落实学生数学学科核心素养的有效路径。

结合洪家楼小学实际，从“基础课程”“拓展课程”“探究课程”三个维度，确定了“文化＋”背景下的“融慧”课程体系数学文化校本课程的构建思路。

一、“文化＋”背景下的“融慧”数学文化校本课程内容开发的依据

（一）小学数学文化校本课程内容开发的理论依据

第一，《义务教育数学课程标准（2022年版）》的相关要求。《义务教育数学课程标准（2022年版）》中指出：“数学课程内容是实现课程目标的重要载体。课程内容选择。保持相对稳定的学科体系，体现数学学科特征；关注数学学科发展前沿与数学文化，继承和弘扬中华优秀传统文化；与时俱进，反映现代科学技术与社会发展需要；符合学生的认知规律，有助于学生理解、掌握数学的基础知识和基本技能，形成数学基本思想，积累数学基本活动经验，发展核心素养。”② 而校本课程可以是国家课程的改造与创新；也可以是学校在国家课程所确定的课程门类以外，新开发、开设的独具特色的课程。小学数学文化校本课程是对国家数学课程的一种有益补充，无论哪一种，都要求学校、教师树立课程意识，了解、熟悉国家课程政策和课程标准，因此，校本课程是国家课程和地方课程实施的催化剂和助推器。

第二，数学文化的理论研究成果。国内外越来越多的学者从文化的视角，探讨数学的本质及其发展规律，并进而在中小学数学课程中进行数学文化的渗透。在回顾和梳理近30年的数学文化研究中发现，我国在数学文化研究方面已经取得了较为丰硕的成果，大致有三类。第一类是关于数学文化的研究

---

① 中华人民共和国教育部：《义务教育数学课程标准（2022年版）》，北京师范大学出版社2022年版，第2页。

② 中华人民共和国教育部：《义务教育数学课程标准（2022年版）》，北京师范大学出版社2022年版，第2～3页。

成果，这些成果主要探讨数学文化的内涵，回到“数学文化是什么”上来。第二类是数学文化课程建设，回答“数学文化教什么”这一问题。第三类是关于数学文化的教与学，回答“数学文化怎么教”和“数学文化怎么学”的问题。这些研究成果，对数学文化课程内容的选择、数学课程内容的呈现和教学方式等具有重要的参考价值。

（二）小学数学文化校本课程内容开发的现实依据

第一，小学数学教材中“数学文化”类内容设置。前面已指出，根据课程标准要求，数学文化已经编排在小学数学教材中。在现行人教版教材中“你知道吗？”“生活中的数学”“数学游戏”“生活中的数学”等栏目涉及数学文化中的相关知识，如“数字演变历史”“数学家的故事”“数学游戏”“数学与艺术”“数学与生活”等，为进一步开发数学文化课程奠定了基础。

第二，小学生数学学习的认知及心理特点。活动教学法的积极倡导者皮亚杰指出，儿童学习的真正基础是活动。学生在学习过程中所做的任何事情，重点在于主动参与而不只是被动地听。教师应鼓励学生从实践中学习、手脑并用，培养学生的思考、分析与表达能力，将知识学习与生活需要紧密结合起来。因此，我们要积极开发各种资源，而数学文化就是一种非常有价值的资源，通过设计各种实践活动，适合学生在身心发展方面的需要，助力学生学科核心素养提升。

二、“文化＋”背景下的“融慧”数学文化校本课程体系构建原则

（一）有效性原则

数学文化课程的目标是提高学生的数学素养，培养学生数学学习的兴趣，从而更为有效地推进素质教育。在数学文化中，“文”（具体的数学内容）是素材，“化”（充分彰显数学文化价值的数学学习活动）是过程，而“素养的提示”则是最终的目的。[①] 数学文化课程应着力将目标定位由知识、能力本位向思维的发展、科学品质的养成方面转变。首先，数学文化课程要着眼于学生数学学科核心素养的培养。其次，内容选择要考虑学生的“具体形象的思

---

① 参见张齐华：《数学文化与素养：两个高度相关的问题》，《江苏教育》2009年第1期。

维”与“抽象概念的数学知识”之间的关系，关注过程性目标的评定及多元化的评价方式。最后，还要考虑“五育并举”，在“文化＋”背景下的“融慧”数学校本课程体系构建实施过程中，注重美育、德育等方面的融合。

（二）科学性原则

科学性原则就是要开发出科学的校本课程。主要有两个方面的要求：一是课程体系结构的合理性，即所开发的校本课程要与国家、地方课程相互补充、相互衔接、相互融合，构成科学合理的课程体系；二是课程内容的科学性，要遵循学生身心发展特点，课程内容的编排要建立在学生已有的知识水平和技能之上，要确保教学内容的严谨性、逻辑性、准确性、科学性。

（三）育人性原则

育人性是课程内容选择的首要因素。数学文化的育人价值不仅在于其智力价值，还在于其具有德育、美育等多重育人功能。首先，数学文化在培养学生正确的价值观、文化认同方面有着积极的作用，如数学家的故事、数学史的梳理，能够帮助学生树立民族自豪感和自信心。其次，数学符号、语言及空间表现形式蕴涵着数学的简洁之美、理性之美。最后，数学文化能够培养学生的思维品质，提升学生的逻辑思维能力。

（四）整合性原则

数学有两种品格，其一是工具品格，其二是文化品格。数学无形地渗透在科学的每个分支里，为他们提供必要的工具；数学是理性精神的化身，深刻地影响着人们的观念、精神以及思维方式的养成。数学文化课程内容选择需要将文化与数学密切结合，体现数学学科的教育价值和人文价值。

（五）开放性原则

数学文化的开放性主要体现在内容与实施方式两个层面。数学文化课程内容的选取要关注数学文化能够与多个领域广泛结合的特点。数学文化要与历史、生活、游戏、艺术、科学等多个领域融合。数学文化课程的实施也不应局限于课堂和校内。

（六）趣味性原则

数学文化课程要将“数学好玩”的理念贯穿始终，设计出有趣的数学课程，选择学生感兴趣的数学内容，图文并茂，有效地帮助学生提高数学学习的积极性，让学生在动手动脑中潜移默化地掌握技能。

三、“文化+”背景下的“融慧”数学文化校本课程内容设置

（一）挖掘梳理教材资源，落实“文化+”背景下“融慧”基础课程

1.“数与代数”领域的数学文化

学完了“数的产生”后，教材呈现了古今中外数字产生后的发展演变过程，开阔了学生的视野，丰富了学生对数学文化内涵的了解。在二年级学生学习了“表内乘法”后，教材以图文并茂的形式呈现了2000多年前的“竹木简口诀”，让学生了解乘法口诀的发展历史，增加学生的民族自豪感。在学习“时、分、秒”时，教材呈现了古代的计时工具——刻漏、日晷等，老师在此基础上进一步渗透这两种古代计时工具的原理，从而让学生更加深刻地体验到先人的无穷智慧，激励学生热爱祖国文化，树立文化自信。

2.“图形与几何”领域的数学文化

例如学习了平移、旋转图形的运动之后，让学生感受数学的艺术美。再如探究出圆的周长的计算方法之后，教材为学生们提供了中国古代伟大的数学家祖冲之和圆周率的小故事。古人严谨的科学态度和刻苦钻研的精神，激励着学生们在学习数学的道路上不断前行。

3.“统计与概率”领域的数学文化

在学生掌握了平均数的知识之后，教材呈现了生活中歌唱比赛的场景，通过介绍歌唱大赛中的评分规则，即计算选手的平均得分时要去掉一个最高分和一个最低分，使学生了解平均数受极端数据影响的特点，体验数学知识与现实生活的密切联系。

4.“综合与实践”领域的数学文化

综合与实践是小学数学学习的重要领域。每册课本的“综合与实践”领域无不蕴含着丰富的数学文化。学生将在实际情境和真实问题中，运用数学和其他学科的知识与方法，经历发现问题、提出问题、分析问题、解决问题的过程，感悟数学知识之间、数学与其他学科知识之间、数学与科学技术和社会生活之间的联系，积累活动经验，感悟思想方法，形成和发展模型意识、

创新意识，提高解决实际问题的能力，形成和发展核心素养。①

在教学时，我们要充分利用好数学教材中的文化特性，关注教材资源，创造性地使用教材，合理开发教材中数学文化的相关内容，并进行深入挖掘与拓展，有机进行数学文化德育渗透，让学生切实领会到数学的文化价值，激发学生的学习动机，焕发学生的学习热情，使学生在欣赏“人类智慧皇冠上最美丽的珍珠”的同时，从内心深处真正喜欢上它。

（二）开发校本课程资源，构建“文化＋”背景下“融慧”拓展课程

1. 数学文化＋阅读

低年级数学绘本阅读、绘本教学能够将一些抽象的数学现象及问题具体化，通过图片、绘本的方式展示出来，大大地提高了小学低年级学生的理解能力，还可以将枯燥无味的数学知识转变为具有趣味性的内容，提高小学生的好奇心。总的来说，绘本教学对小学低年级数学教学有很大的帮助。中年级在阅读的基础上绘制思维导图，训练思维，发展能力。高年级则进行一些数学文化史方面的阅读活动，在阅读过程中使学生了解数学的发展过程，感受数学文化的魅力，并尝试进行绘本创作。

2. 数学文化＋益智活动

结合教材内容，借助常见的益智玩具开发一些益智活动，适当开展一些游戏或竞赛。益智游戏活动设计过程中要注意做到三点：一是游戏规则应简单明确，操作起来简单易行；二是力求在游戏组织中锻炼学生的规则意识；三是体现全员参与，关注合作交流。

3. 数学文化＋艺术

每年 3 月份，国际数学节来临之际，学校都会组织“融慧数学节”活动。根据学生的年龄特点和知识基础，分级部开展“图形创意画”“玩转益智玩具”“讲题小达人”“数学戏剧”“学具制作小能手”等不同形式的数学实践活动，为学生搭建展示成长的舞台，表现学生对数学文化的感悟。在数学节活动中，低年级学生可以利用学过的平面图形或七巧板画出或摆出造型美观、颇具意境的图案；中年级学生的“数学魔术”让人惊叹连连；高年级学生进行的数学情景剧表演，在诙谐幽默中让人感悟到数学的真谛，感受到数学与生活的密不可分。不同年级的学生采用不同的艺术形式来表达对数学的认识与理解，各种数学活动熔数学和艺术于一炉，集

① 参见中华人民共和国教育部：《义务教育数学课程标准（2022 年版）》，北京师范大学出版社 2022 年版，第 41～42 页。

智慧和美妙于一体。

（三）利用家庭社会资源，探索“文化＋”背景下“融慧”探究课程

1. 家庭自修探究作业，数学文化＋游戏（魔术）

数学作业在数学教学活动中一直都扮演着重要角色，它是学生在课外独立进行的数学活动。如何让学生的课后作业更富趣味性，亲子数学游戏“解锁益智玩具”无疑是个不错的选择。例如低年级学生和爸爸妈妈一起玩的汉诺塔瞬间大挪移，中年级的速叠杯、华容道，高年级的孔明锁、数学魔术等等，在游戏互动中，不仅使亲子关系更融洽，还训练了学生的动手实践能力和思维能力，激发了学生学习探究的兴趣，培养了学生的创新能力。

2. 开展社会实践活动，数学文化＋实践

数学与人们的生活密切相关，数学精神无处不在。在布置数学课后作业时，教师应有选择性地引导学生展开数学探究，使课内探究自然而然地延伸到课外，达到课内探究与课外探究有机结合的目的。例如指导学生制作学具、准备游戏材料、拼摆图形、制作模型等，再如调查与课堂数学知识密切相关的资料自办数学小报，都是渗透数学文化、拓宽数学视野、营造数学氛围的好方法。

数学文化可以与校内实施的“基础课程”与“拓展课程”融合，也可以延伸到校外的“探究课程”。可以从学生现实生活情境出发设计数学实践活动，如组织学生进行垃圾分类社会调查、节约用水专题采访、校区绿化实际测量等活动，让学生真正体会数学的实用价值，体验数学文化的魅力，提高学习数学的兴趣。

四、“文化＋”背景下的“融慧”数学文化校本课程管理

（一）统一认识

借助校本教研对教师加强“数学文化”的理论培训，对参与“文化＋”背景下的“融慧”数学文化校本课程开发的团队成员，从课程开发的背景与意义、课程构建的理念与体系、教学方法等方面进行专项培训，提高教师的课程开发水平。借助社团招募、广播宣传等形式加强对学生的宣传发动，组织、指导学生根据自己的兴趣爱好选择课程。加强校外宣传，通过家长会、学校公众号等途径，让校本课程走进家庭、走向社会，让数学文化浸润学生生活。

（二）加强组织

成立“文化＋”背景下的“融慧”数学文化校本课程开发团队，做好组织管理工作。学校聘请课程专家定期对“文化＋”背景下的“融慧”数学文化校本课程开发团队进行定向专业指导，帮助学校做好“融慧”课程体系的顶层设计。加强学校校本课程实施的常态化管理工作，借助校本教研集体研讨课程纲要编写，确定教学目标，设计课时教案；每月至少开展一次“数学文化”专项教研活动。

（三）建章立制

“凡事预则立，不预则废。”学校成立了学校课程开发组织机构，建立了完善的校本课程管理制度，规范课程实施过程。

（四）指导监控

学校课程管理人员定期巡视督导“文化＋”背景下的“融慧”数学文化活动课堂，了解学生课程参与及教师组织活动情况，对于发现的问题及时反馈，督促改进，优化活动效果。

（五）宣传推广

注重对优质资源课程的推广。充分利用学校“数学节”、实践活动基地开展成果展示特色活动；充分利用学校微信公众号、班级文化等宣传推广“文化＋”背景下的“融慧”数学文化校本课程建设成果。

（六）档案建设

对“文化＋”背景下的“融慧”数学文化校本课程开发过程中的所有档案，包括文字、图片、影像资料等进行归类整理，并由专人负责保管，为课程开发的评价和总结提供依据。

数学不仅是运算和推理的工具，还是表达和交流的语言。数学承载着思想和文化，是人类文明的重要组成部分，数学拥有其他学科所无法替代的特有的教育与文化价值。我们要深入挖掘数学文化资源，引领学生在丰富多彩的实践活动中体悟数学课程的魅力！

第三节　数学文化校本课程的实施方式

人教版小学数学课本中，设置了“你知道吗?”“生活中的数学”“数学游戏”等版块来介绍数学文化。同时，每册教材的最后一个单元《数学广角》更是涉及生活、历史、艺术、环境、游戏、数学家、数学史等多个方面，揭示了转化、优化等数学思想方法在不同领域中的运用及其重要作用。对这些版块内容的研究是数学文化课程开发的基础。下面简单介绍洪家楼小学构建的“数学文化＋融慧”课程体系。

一、构建“文化＋”背景下的“融慧”基础课程

仔细研读人教版小学数学教材发现，每一册的知识点、课后习题很多都是在特定情境中产生的，体现了数学的美。数学文化早已编排在了数学教材之中。因此，将教材中蕴含的数学文化挖掘出来，并尝试在日常课堂教学中、在教学的各个环节中展示出来，是数学文化课程实施的主要方式。洪家楼小学从2015年开始研究数学文化，几年的研究总结出这样的经验：数学文化课程不应该从数学课中割裂出来，为了体现“文化”而专门开设的数学课耗时、费力，但收效并不明显。在这几年的探索中，数学教师们群策群力，研读教材，挖掘出各册教材中的数学文化点，并有意识地将其融入数学课堂中，慢慢地数学课堂有了“文化”韵味，学生真正感受到了数学文化的魅力，受到了数学文化的熏陶。

现就人教版一年级数学教材知识点中蕴含的数学文化进行简要分析。

（一）生活与数学

走进课堂，拿起课本，翻到课本的第一页主题图，一幅美丽的校园画面展现在小朋友面前。当老师让孩子们介绍这幅图时，孩子们就会不由自主地去观察、思考图画，最后会用数学的语言表达出来——有两位同学在向老师问好。天上飞着8只小鸟，有3个小朋友在跳绳。还有的小朋友可能会念出“欢迎新同学”5个字。看，学生数学的思维在第一课就诞生了，数学的语言表达得多流利。数学是从生活中产生的，和孩子们的生活非常密切。一年级

下册第56页“你知道吗?”版块为学生介绍几种生活用品的价格，体现了数学在生活中的应用，让学生体会到数学与生活的密切联系。第73页的思考题从生活中的握手中提出问题，让学生深切感受到数学的影子无处不在，从而激发学生学习数学的兴趣。

（二）游戏与数学

一年级上册第81页的“数学游戏”，让学生在游戏中练习20以内的加法运算，提升学生的观察、分析、运算能力。第100页的思考题从“捉迷藏”游戏入手，在游戏中发现数学问题，激发学生探究学习的兴趣。一年级下册第4页介绍七巧板的相关知识，拓展学生的知识面，激发了学生学习数学的兴趣。

（三）历史与数学

一年级上册第60页“你知道吗?”版块介绍我国古代用算筹来表示数的知识。第72页“你知道吗?”版块介绍古代埃及使用象形文字来表示数的知识。第81页的“你知道吗?”版块介绍我国古代计时工具的知识。一年级下册60页“你知道吗?”版块介绍我国古代货币知识。这些都是让学生了解与数学发展有关的历史知识，体会数学与历史的密切联系，了解数学的价值，同时增强学生的民族自豪感。

综上所述，教材注重体现数学文化的价值，从一年级开始就以生动有趣、易于阅读的形式，以“你知道吗?”“数学游戏”为题，向学生介绍一些有关数学史的知识、数学趣闻、数学发现、数学家的故事等。通过呈现这些丰富多彩的内容，学生了解了数学知识的产生与发展首先源于人类生活的需要，丰富了学生对数学发展的整体认识，体会到了数学在人类发展历史中的作用。①

随着年级的增长，数学文化在数学课本中的融入点增多，有数学家的故事，有艺术中的数学，还有科学中的数学……当我们把这些数学文化挖掘出来融入课堂时，我们的教学就不再冰冷，也不会枯燥乏味，学生的专注力就会提高，枯燥的知识也变得生动有趣了。

数学文化课程不局限于课堂，不仅仅是课堂上的学习和探究，更是走出课堂，在生活中进行学习和探究。数学文化从生活中来，到生活中去。要让

① 参见周艳：《如何加强小学数学教学的文化渗透》，《魅力中国》2009年第22期。

学生善于在生活中发现数学知识，善于用数学知识解决生活中的问题，培养学生“做数学”“用数学”的能力。数学不仅是课堂上的加减乘除，更是一种思考方法，当把用数学的思维方式进行思考变为一种习惯，学生数学素养的提升就不再是空谈。

二、构建“文化＋”背景下的“融慧”拓展课程

社团是校园文化的重要载体，是学生身心发展、拓宽兴趣和开阔视野的主要阵地，是完善学生知识结构、展示学生个性、发展学生特长、内化学生能力的第二课堂。对于学生来说，社团是一个熔炉，锻炼着自己的能力；社团是一个舞台，能够展示自己的风采。“文化＋”背景下的“融慧”拓展课程就是以社团的形式开展的。

（一）数学文化＋阅读

在教学过程中经常会听到有的学生说这个题目我理解错了，我们在做解决问题这类题目时也经常让学生分析已知条件和问题，这些都体现出了数学也是需要“阅读”的。养成良好的阅读习惯，能够帮助学生正确理解题意，快速合理提取信息，提高解决问题的能力。

1. 低年级的绘本阅读

教师在指导学生进行数学绘本阅读时，可以提出这样的问题：这本绘本讲了什么故事？涉及了哪些数学知识？这些知识你以前学过吗？阅读过后你学会了吗？带着这样的问题去阅读，学生就能很好地理解故事内容并能发现数学本质，数学阅读能力就会慢慢提升，数学素养也能不断提高。

表 4-2 和表 4-3 是校本课程类小学低年级数学绘本阅读课程纲要和数学绘本《一颗纽扣》教学设计。

表 4-2　数学绘本阅读拓展课程纲要

课程名称	数学绘本阅读	课程类型	拓展课程
适用年级	小学低年级	总课时	15 课时
课程简介	针对低年级孩子数学知识掌握情况及思维能力水平，用孩子喜闻乐见的童话、故事形式，为孩子们呈现一个又一个神奇的数学童话世界，帮助孩子充满乐趣地掌握基础的数学概念，将抽象、枯燥的数学知识讲得深入浅出，培养孩子对数学的兴趣和数学思维能力。		

续表

<table>
<tr><td>背景分析</td><td colspan="2">低年级的学生注意力不容易集中，同时识字量少。枯燥的语言文字常常吸引不了他们的注意，而数学绘本恰恰解决了这个问题。绘本色彩丰富，文字简练，数学绘本中丰富多彩的图片、生动有趣的故事，可以激发学生的阅读欲望与兴趣，又因文字言简意赅，阅读难度不高，所以低年级的学生乐于接受这样的阅读形式。在社团活动时，教师可巧用数学绘本，提升小学生的数学阅读能力，进而提高小学生的数学素养。①</td></tr>
<tr><td>课程目标</td><td colspan="2">1. 通过绘本阅读，培养学生良好的阅读兴趣、态度和习惯，让学生从阅读到“悦读”。
2. 通过绘本阅读，培养学生用数学的眼光观察现实世界，发现生活中的数学问题的能力。
3. 通过绘本阅读，初步培养学生数学思考的能力。
4. 培养学生欣赏、表达、沟通、分享的能力。</td></tr>
<tr><td rowspan="12">学习主题/
活动安排</td><td>第 1 课时</td><td>阅读准备，制定阅读、借阅公约，分好阅读小组。</td></tr>
<tr><td>第 2～3 课时</td><td>教师带领学生阅读第一本绘本图书，并且进行阅读指导。</td></tr>
<tr><td>第 4 课时</td><td>画一画我的第一本书的内容。</td></tr>
<tr><td>第 5 课时</td><td>小组内讲一讲绘本图书的内容，并且推荐最佳选手，准备参加社团内的讲故事比赛。</td></tr>
<tr><td>第 6～7 课时</td><td>讲故事比赛（一）
评一评讲得好在哪里，哪里没有讲清楚。
评选出数学故事大王。</td></tr>
<tr><td>第 8 课时</td><td>独立阅读自己的绘本图书。</td></tr>
<tr><td>第 9 课时</td><td>画一画我的图书内容，可以配几句简单的话。</td></tr>
<tr><td>第 10 课时</td><td>小组内讲一讲自己阅读的绘本图书。</td></tr>
<tr><td>第 11 课时</td><td>讲故事比赛（二）
评选出数学故事大王。</td></tr>
<tr><td>第 12～13 课时</td><td>社团图书漂流，同学互换绘本图书阅读。</td></tr>
<tr><td>第 14 课时</td><td>组内讲故事，并且回家讲给爸爸妈妈听。</td></tr>
<tr><td>第 15 课时</td><td>社团一学期总结，并且制作带数学名言的小书签。</td></tr>
<tr><td>评价活动</td><td colspan="2">数学故事大王
我画我书展评
数学名言小书签展评</td></tr>
</table>

① 参见沈琦：《巧用数学绘本，提升小学生数学阅读能力》，《江苏教育研究》2021 年第 Z5 期。

表 4-3 数学绘本《一颗纽扣》教学设计

<table>
<tr><td colspan="2">课题：数学绘本《一颗纽扣》</td></tr>
<tr><td colspan="2">教学内容：数学绘本《一颗纽扣》第一课时</td></tr>
<tr><td colspan="2">课程标准及教材分析：
《义务教育数学课程标准（2022 年版）》在“图形与几何”领域中对第一学段的内容要求中明确提出“通过实物和模型辨认简单的平面图形”“在图形认识过程中，形成初步的空间观念和量感”。本课选取的数学绘本《一颗纽扣》是小老鼠捡到纽扣多次找主人的故事，通过这则故事，一方面可以巩固学生对各种平面图形特征的认识和运用，有利于发展学生的空间观念；另一方面则能将所学的知识进行融合运用，提高学生综合运用的能力。</td></tr>
<tr><td colspan="2">学情分析：
一年级的学生刚刚进入小学学习，一节课中有意注意的时间很短，如果只是学习数学知识，而没有他们喜欢的故事、活动、游戏，他们的注意力很容易分散。所以，用生动形象的绘本阅读课巩固他们对平面图形的认识，提高他们学习数学的兴趣。</td></tr>
<tr><td colspan="2">学习目标：
1. 知识技能目标：在绘本阅读活动中，鼓励学生观察比较绘本中纽扣的不同特征（颜色、形状、大小、扣眼的数量等），并能用语言大胆讲述这些不同特征。巩固课堂教学中对各种平面图形特征的认识。
2. 数学思考目标：在多次找纽扣主人的活动中，在自主探索的基础上进行合作交流，引导学生应用课堂所学知识解决问题，培养学生的空间观念及良好的数学思维品质。
3. 问题解决目标：以生活素材为依托，从数学的角度发现问题、提出问题，综合运用所学的数学知识分析问题，增强学生应用意识，提高学生实践能力。
4. 情感态度目标：积极参与数学活动，养成独立思考、合作交流、反思质疑等良好的学习习惯，产生积极的数学学习情感，感受数学文化魅力。</td></tr>
<tr><td>教学过程</td><td>数学文化融入分析</td></tr>
<tr><td>一、创设情境，聚焦问题
同学们，你们看老师手中有一颗纽扣，是谁捡到的呢？这颗纽扣的背后又有怎样的故事呢？能找到纽扣的主人吗？今天我们就一起阅读《一颗纽扣》这本绘本。</td><td>“兴趣是最好的老师。”老师的几个问题就把学生深深吸引到故事中。</td></tr>
</table>

续表

二、合作探究，解决问题 （一）区分纽扣颜色 小老鼠拿着纽扣向前走，他看见小狗正在草地上走来走去，低着头寻找着，连忙走过去，问："小狗，小狗！你在找什么呀？"小狗回答："我的衣服丢了一颗纽扣。"小老鼠连忙伸出手来："是这颗吗？"小狗摇摇手说："我的纽扣是黄色的。" （暂停绘本） 师：小老鼠捡到的纽扣是小狗的吗？你怎么知道的？ （二）区分纽扣的形状 小老鼠拿着纽扣来到小河边，他遇到了小兔，小老鼠又问小兔："小兔，小兔，你在找什么呀？"小兔回答："我的衣服丢了一颗纽扣。"小老鼠连忙伸出手来："是这颗吗？" （暂停绘本） 师：小兔会怎么回答呢？ （三）区分纽扣扣眼的数量 小老鼠拿着纽扣继续往前走。这次他又遇到了小刺猬。你能讲一讲这个片段吗？ 生：…… 师：同学们观察得真仔细，小刺猬的扣眼是6个，而小老鼠捡到的扣眼是4个。小老鼠还要继续去找纽扣的主人啊！ （四）区分纽扣的大小 小老鼠继续去找纽扣的主人，他又遇到了几个动物呢？故事是什么样的呢？请你自己读一读，然后想一想，纽扣是他们的吗？小老鼠问遍了所有的好朋友，可是还是没有找到纽扣的主人，他只好垂头丧气地回家了。妈妈给他做了美味的蛋挞，小老鼠抬起头，他好像看到了什么，露出了惊讶的表情。同学们说一说，小老鼠为什么看见妈妈会惊讶呢？ **三、梳理总结，归纳提升** 师：读完了《一颗纽扣》绘本故事，你能说一说小老鼠是怎样找到纽扣主人的吗？从故事中，你学到了什么？	第一次的寻找过程由老师来读，引发学生的数学思考——可以从颜色上区分物品的不同。 第二次的寻找过程老师让学生来猜想，可以培养学生的观察能力，引发学生的第二次数学思考——三角形和圆形的特征。 第三次的寻找过程老师让学生来阅读，可以培养学生的观察能力和语言表达能力，引发学生的第三次的数学思考——有序数数。 第四、五次的寻找过程，学生独立思考。然后用数学的语言表达出来，学生的数学思维能力也在不断提高。 最后小老鼠终于找到了纽扣的主人，学生体会到了成功的喜悦、数学学习的乐趣。 学生从故事中学到了解决问题的方法，巩固了课堂中所学的知识，灵活运用的能力也随之提升。

2. 中年级阅读+思维导图

表 4-4 是校本课程类数学思维导图小学中年级课程纲要。

表 4-4　数学思维导图拓展课程纲要

<table>
<tr><td>课程名称</td><td colspan="2">数学思维导图</td><td>课程类型</td><td>拓展课程</td></tr>
<tr><td>适用年级</td><td colspan="2">小学中年级</td><td>总课时</td><td>15 课时</td></tr>
<tr><td>课程简介</td><td colspan="4">思维导图是一种表达发散性思维的图形思维工具，它简单却又很高效，是一种实用性的思维工具。思维导图可以图文并茂，把主题之间的关系用各种层级呈现出来，让人一目了然，记忆深刻。绘制思维导图可以帮助学生把知识内化，实现深度学习。</td></tr>
<tr><td>背景分析</td><td colspan="4">经过两年的学习，中年级的学生识字量、阅读量会有明显提高，不能局限于只是把数学故事表述清楚，所以绘制思维导图是中年级学生的一个新挑战。</td></tr>
<tr><td>课程目标</td><td colspan="4">1. 通过阅读，培养学生良好的阅读兴趣、态度和习惯，让学生从阅读到“悦读”。
2. 通过阅读后绘制思维导图，培养学生提炼数学知识、用数学的眼光发现生活中的数学问题的能力。
3. 通过绘制思维导图，培养学生数学思考的能力和运用数学知识解决问题的能力。
4. 培养学生欣赏、表达、沟通、分享的能力。</td></tr>
<tr><td rowspan="13">学习主题/活动安排</td><td>第 1 课时</td><td colspan="3">阅读准备，制定阅读、借阅公约，分好阅读小组，选出组长。</td></tr>
<tr><td>第 2 课时</td><td colspan="3">教师带领学生阅读第一本绘本图书，并且进行阅读指导。</td></tr>
<tr><td>第 3 课时</td><td colspan="3">教师带领学生提取绘本中的数学信息，学习、绘制思维导图，并尝试讲解。</td></tr>
<tr><td>第 4 课时</td><td colspan="3">独立阅读绘本图书。</td></tr>
<tr><td>第 5 课时</td><td colspan="3">小组内讲一讲绘本图书的内容，提取数学信息，绘制思维导图。</td></tr>
<tr><td>第 6～7 课时</td><td colspan="3">讲解自己绘制的思维导图，同学讲评后再进行补充、修改。</td></tr>
<tr><td>第 8 课时</td><td colspan="3">独立阅读自己的绘本图书。</td></tr>
<tr><td>第 9 课时</td><td colspan="3">提取有用信息，绘制思维导图。</td></tr>
<tr><td>第 10 课时</td><td colspan="3">小组内讲评思维导图。</td></tr>
<tr><td>第 11 课时</td><td colspan="3">思维导图展评。</td></tr>
<tr><td>第 12～13 课时</td><td colspan="3">社团图书漂流，同学互换绘本图书阅读。</td></tr>
<tr><td>第 14 课时</td><td colspan="3">绘制思维导图。</td></tr>
<tr><td>第 15 课时</td><td colspan="3">社团一学期总结，建立我的成长记录袋。</td></tr>
<tr><td>评价活动</td><td colspan="4">思维导图展评
成长记录袋</td></tr>
</table>

3. 高年级创编数学绘本

表 4-5 是校本课程类数学绘本创编小学高年级课程纲要。

表 4-5 数学绘本创编拓展课程纲要

<table>
<tr><td>课程名称</td><td>数学绘本创编</td><td>课程类型</td><td>拓展课程</td></tr>
<tr><td>适用年级</td><td>小学高年级</td><td>总课时</td><td>15 课时</td></tr>
<tr><td>课程简介</td><td colspan="3">数学绘本创编以图画为载体，呈现蕴含生活化数学信息的故事情节，通过学生独立创编、改编故事，融入数学知识，激发学生学习兴趣，提高学生数学思维能力。</td></tr>
<tr><td>背景分析</td><td colspan="3">经过四年的学习，高年级的学生阅读量会有明显提高，语言表达、绘画能力、思维能力都有一定的积淀。对数学阅读的要求进一步提高，创编数学绘本符合学生的年龄特点和知识储备现状。</td></tr>
<tr><td>课程目标</td><td colspan="3">1. 通过创编绘本，培养学生良好的阅读兴趣、态度和习惯，让学生从阅读到“悦读”。
2. 通过创编绘本，培养学生提炼数学知识和用数学的眼光发现生活中的数学问题的能力。
3. 通过创编绘本，培养学生数学思考的能力和运用数学知识解决问题的能力。
4. 培养学生欣赏、表达、沟通、分享的能力。</td></tr>
<tr><td rowspan="9">学习主题/活动安排</td><td>第 1 课时</td><td colspan="2">绘本创编准备。制定社团公约，分好合作小组。</td></tr>
<tr><td>第 2 课时</td><td colspan="2">教师带领学生观看绘本图书，并且进行创编前的指导。</td></tr>
<tr><td>第 3 课时</td><td colspan="2">学生做绘本创编提纲，并在组内交流。</td></tr>
<tr><td>第 4～6 课时</td><td colspan="2">学生独立创编数学绘本。</td></tr>
<tr><td>第 7～8 课时</td><td colspan="2">讲解自己绘制的数学绘本。</td></tr>
<tr><td>第 9 课时</td><td colspan="2">制定绘本创编纲要，为创编一套绘本做准备。</td></tr>
<tr><td>第 10～12 课时</td><td colspan="2">组内创编绘本图书。</td></tr>
<tr><td>第 13～14 课时</td><td colspan="2">社团创编绘本图书交流。</td></tr>
<tr><td>第 15 课时</td><td colspan="2">社团一学期总结，建立我的成长记录袋。</td></tr>
<tr><td>评价活动</td><td colspan="3">创编绘本
成长记录袋
评选最佳绘本</td></tr>
</table>

（二）数学文化＋益智活动

1. 低年级七巧板益智活动

表 4-6 是校本课程类七巧板的奥秘小学低年级课程纲要。

表 4-6　七巧板的奥秘拓展课程纲要

课程名称	七巧板的奥秘	课程类型	拓展课程
适用年级	小学低年级	总课时	15 课时
课程简介	七巧板又称“七巧图”“智慧板”，是我国著名的拼图玩具，传到国外后又被称为“唐图”。七巧板设计科学，构思巧妙，变化无穷，能提升学生形象思维，发展学生空间想象力，启发学生智慧。		
背景分析	小学低年级的学生以形象思维为主，爱说爱动，专注力不高，抽象思维能力和空间想象能力较弱。因此，开设七巧板的奥秘益智课程。		
课程目标	1. 通过自制七巧板，激发学生的学习兴趣，提高动手操作能力，开发智力，启迪他们的创造意识。 2. 通过拼摆七巧板，培养学生的空间想象力和创造能力。 3. 通过七巧板拼摆后创编故事，培养学生用数学语言表达、用数学思维思考的能力。 4. 培养学生欣赏、表达、沟通、分享的能力。		
学习主题/活动安排	第 1 课时	活动准备，制定社团公约，分好合作小组。	
	第 2 课时	资料搜集，交流七巧板的历史。	
	第 3 课时	观察七巧板的构造，自制七巧板。	
	第 4～5 课时	根据给定图案和分解线，拼摆七巧板。	
	第 6 课时	图案拼摆竞赛（一）	
	第 7～8 课时	根据给定图案拼摆七巧板，并尝试画上分解线。	
	第 9 课时	根据给定同一图案拼摆七巧板，并尝试画上分解线，尝试一图多摆。	
	第 10 课时	图案拼摆竞赛（二）	
	第 11～12 课时	用七巧板独立创作图案并简要说明含义。	
	第 13～14 课时	创作图案，编故事。	
	第 15 课时	社团一学期总结，建立七巧板故事集。	
评价活动	七巧板图案拼摆竞赛 七巧板故事集		

2. 中年级的数独益智活动

表 4-7 是校本课程类数独小学中年级课程纲要。

表 4-7　数独拓展课程纲要

<table>
<tr><td>课程名称</td><td>数独</td><td>课程类型</td><td>拓展课程</td></tr>
<tr><td>适用年级</td><td>小学中年级</td><td>总课时</td><td>20 课时</td></tr>
<tr><td>课程简介</td><td colspan="3">数独是一种逻辑性的数字填充游戏，把数字填进每一格，使每行、每列和每个宫（即 3×3 的大格）集齐 1 至 9 所有数字。题目会提供一部分的数字，使谜题只有一个答案。在数学课堂教学的基础上，开设数独社团，努力开发学生的智力，锻炼学生的思维能力和逻辑推理方法，让学生领略数学美。</td></tr>
<tr><td>背景分析</td><td colspan="3">小学中年级的学生有了一定的数学学习的基础，但还是以形象思维为主，抽象思维能力和逻辑推理能力较弱。因此，开设数独益智课程。</td></tr>
<tr><td>课程目标</td><td colspan="3">1. 通过对数独资料的搜集，使学生广泛了解数独的文化起源。
2. 通过四宫格的学习，初步认识数独，培养使学生数独学习的兴趣和信心。
3. 通过九宫格的学习，深入学习数独，掌握解决数独问题的方法，培养学生的数学逻辑思维能力和数感。
4. 培养学生欣赏、表达、沟通、分享的能力。</td></tr>
<tr><td rowspan="16">学习主题/活动安排</td><td>第 1 课时</td><td colspan="2">活动准备，制定社团公约，分好合作小组。</td></tr>
<tr><td>第 2 课时</td><td colspan="2">资料搜集，交流数独的起源、数独基本知识。</td></tr>
<tr><td>第 3～4 课时</td><td colspan="2">利用四宫格学习单区唯一解法。</td></tr>
<tr><td>第 5～6 课时</td><td colspan="2">利用四宫格学习行列摒除法。</td></tr>
<tr><td>第 7 课时</td><td colspan="2">利用四宫格学习唯一解法。</td></tr>
<tr><td>第 8 课时</td><td colspan="2">利用四宫格学习区块摒除法。</td></tr>
<tr><td>第 9 课时</td><td colspan="2">数独竞赛组内练习，推选选手。</td></tr>
<tr><td>第 10 课时</td><td colspan="2">数独竞赛（一）</td></tr>
<tr><td>第 11～12 课时</td><td colspan="2">九宫格对列、行的区块摒除。</td></tr>
<tr><td>第 13～14 课时</td><td colspan="2">行、列对九宫格的区块摒除。</td></tr>
<tr><td>第 15 课时</td><td colspan="2">多重区块摒除。</td></tr>
<tr><td>第 16 课时</td><td colspan="2">唯余解法。</td></tr>
<tr><td>第 17～18 课时</td><td colspan="2">单元摒除法。</td></tr>
<tr><td>第 19 课时</td><td colspan="2">巩固练习。</td></tr>
<tr><td>第 20 课时</td><td colspan="2">数独竞赛（二）</td></tr>
<tr><td></td><td colspan="2"></td></tr>
<tr><td>评价活动</td><td colspan="3">四宫格数独竞赛
九宫格数独竞赛</td></tr>
</table>

3. 高年级的魔方益智活动

表 4-8 是校本课程类魔方小学高年级课程纲要。

表 4-8　魔方拓展课程纲要

<table>
<tr><td>课程名称</td><td>魔方</td><td>课程类型</td><td>拓展课程</td></tr>
<tr><td>适用年级</td><td>小学高年级</td><td>总课时</td><td>15 课时</td></tr>
<tr><td>课程简介</td><td colspan="3">魔方活动针对喜欢动脑动手、有一定空间想象能力的学生，目的是使学生对魔方产生浓厚兴趣，获取魔方的基础知识和基本技能，并使之对学生的学习态度、方法、价值取向等产生积极影响。</td></tr>
<tr><td>背景分析</td><td colspan="3">小学高年级的学生有了一定的数学学习的基础，但抽象思维能力和逻辑推理能力还需进一步加强。为全面推进素质教育，培养学生对魔方的兴趣，引领学生个性化全面发展，学校开设了魔方探究课程。魔方课程从二阶魔方到难度较高的四阶，循序渐进，帮助学生在兴趣中学习，在学习中寻找快乐，在快乐中获得自信，在自信中取得进步。</td></tr>
<tr><td>课程目标</td><td colspan="3">1. 通过对魔方资料的搜集，使学生广泛了解魔方的发展史。
2. 通过复原魔方，体验魔方“不变中有万变，万变归一”的复原方法，锻炼学生动手动脑的能力。
3. 通过魔方复原，培养学生的空间想象能力。
4. 培养学生欣赏、表达、沟通、分享的能力。</td></tr>
<tr><td rowspan="12">学习主题/
活动安排</td><td>第 1 课时</td><td colspan="2">活动准备，制定社团公约，分好合作小组。</td></tr>
<tr><td>第 2 课时</td><td colspan="2">资料搜集，交流魔方的起源、魔方基础知识。</td></tr>
<tr><td>第 3～4 课时</td><td colspan="2">二阶魔方复原。</td></tr>
<tr><td>第 5～6 课时</td><td colspan="2">了解三阶魔方，学习顶层“十”字复原。</td></tr>
<tr><td>第 7 课时</td><td colspan="2">复原顶层（白色）。</td></tr>
<tr><td>第 8 课时</td><td colspan="2">复原中间层。</td></tr>
<tr><td>第 9 课时</td><td colspan="2">复原黄色一层。</td></tr>
<tr><td>第 10 课时</td><td colspan="2">全面复原。</td></tr>
<tr><td>第 11～12 课时</td><td colspan="2">练习三阶魔方复原。</td></tr>
<tr><td>第 13 课时</td><td colspan="2">魔方复原竞赛。</td></tr>
<tr><td>第 14 课时</td><td colspan="2">独立探究四阶魔方。</td></tr>
<tr><td>第 15 课时</td><td colspan="2">社团总结。</td></tr>
<tr><td>评价活动</td><td colspan="3">二阶魔方竞赛
三阶魔方竞赛</td></tr>
</table>

（三）数学文化＋戏剧

表 4-9 是校本课程类数学戏剧小学中高年级课程纲要。

表 4-9 数学戏剧拓展课程纲要

课程名称	数学戏剧	课程类型	拓展课程
适用年级	小学中高年级	总课时	15 课时
课程简介	一提到“戏剧”，人们常常想到的是舞台上美轮美奂的灯光，绚烂夺目的服装和演员的说、唱、表演等，和抽象的“数学”怎么会联系到一起呢？戏剧引入数学是一个尝试，也是一种挑战。数学戏剧是师生一起运用戏剧的一些技巧，对数学课程的教学内容进行戏剧化的艺术加工，使数学的课程内容、学习活动等具有戏剧性的动作、冲突、情境、意象、场面等元素，产生像戏剧一样的效果。		
背景分析	小学中高年级的学生有了一定的数学学习的基础，但对数学学习的兴趣会随着知识难度的加大而慢慢降低。为全面推进素质教育，培养学生对数学学习的兴趣，引领学生个性化全面发展，学校开设了数学戏剧课程。把数学知识和戏剧融合，帮助学生在兴趣中学习，在学习中寻找快乐，在快乐中获得自信，在自信中取得进步。		
课程目标	1. 通过数学知识戏剧剧本的编写，培养学生学习数学的兴趣。 2. 通过戏剧的编排，培养学生的语言表达和数学思考能力。 3. 培养学生欣赏、表达、沟通、分享的能力。		
学习主题/活动安排	第 1 课时	活动准备，制定社团公约，分好合作小组。	
	第 2 课时	选取素材，小组设计数学戏剧提纲。	
	第 3～4 课时	数学戏剧剧本的创编。	
	第 5～8 课时	戏剧编排。	
	第 9～10 课时	戏剧分组汇报、分享、交流。	
	第 11 课时	戏剧修改。	
	第 12～13 课时	戏剧彩排。	
	第 14 课时	数学戏剧节目汇报。	
	第 15 课时	录制最佳戏剧。	
评价活动	数学戏剧节目汇报		

三、构建“文化＋”背景下的“融慧”探究课程

大到一门学科，小到一个符号，总是在一定的文化背景下出于需要而产

生的。数学是创造发明出来的，数学教学应当努力还原、再现这一发现或发明的过程，探寻数学知识的源泉。构建“文化＋”背景下的“融慧”探究课程，让学生寻找数学规律，破解数学的奥秘。这一课程的设立不仅仅是为了让学生认识数学的博大精深，提高自身的文化素养，更是为了培养学生的探究学习能力。

（一）数学文化＋游戏

喜欢玩游戏是孩子的天性，在抽象的数学王国里，游戏就是充满数学细胞的“趣味精灵”，在游戏的世界里，数学也变得不再“高冷”，汉诺塔、孔明锁、华容道、速叠杯……处处闪烁着数学的光芒。

1. 汉诺塔

汉诺塔是源于印度一个古老传说的益智玩具。规则非常简单，三根柱子，第一根上从上到下串着几颗不断变小的珠子，借助中间的柱子，把第一根柱子上的珠子移动到第三根，要求大珠子永远在小珠子的下方。汉诺塔问题在数学界有很高的研究价值，也是我们喜欢玩的一种益智游戏，它可以帮助学生开发智力，提高思维能力。低年级的学生一边移动珠子，一边思考，在多次试验、多次失败之后，体验成功的乐趣，同时提高孩子们的专注力。中高年级的学生可以增加珠子的个数，同时可以在玩中总结移动的最少次数的规律，培养学生缜密的思维推理能力。

汉诺塔不仅是简单的动手游戏，还能让学生在动手操作的过程中寻找到学习数学的乐趣。

2. 孔明锁

相传，孔明锁是三国时期诸葛孔明根据八卦玄学的原理发明的一种玩具，起源于古代中国建筑首创的榫卯结构。这种三维的拼插玩具内部的凹凸部分啮合巧妙，它对放松身心、开发大脑、灵活手指均有好处。孔明锁看上去简单，其实内中奥妙无穷，不得要领很难完成拼合。几块形态设计巧妙的木块，既培养了学生的探究思维能力和动手能力，开启了学生的智力，又使学生在动手玩玩具的过程中感受到了数学学习的乐趣。

3. 华容道

华容道是中国古老的民间益智游戏，华容道游戏来自著名的三国故事，曹操在赤壁之战中大败，被迫退逃，前有伏兵，后有追兵，关羽为了报答曹操对他的恩情，帮助曹操逃出了华容道。华容道属于单人滑块类游戏，棋盘是4乘5的长方形，规则就是通过移动各个棋子，帮助“曹操”从初始位置移动到棋盘最下方中部，从出口逃走。不允许跨越棋子，还要设法用最少的步数把“曹操”移到出口。这个游戏变化多端，有几十种布阵方法，如“横刀立马”“过五关”“插翅难飞”等。通过玩华容道这个数学游戏，学生之间可以互相学习、探讨最优策略，可以锻炼学生的思维，还可以培养学生数学思考的能力，让学生的数学素养得到提升。

4. 速叠杯

速叠杯是一项新兴的个人或团体运动，这项运动要把杯子按规律叠成金字塔状后还原，并且尽可能快。很多人可能会认为速叠杯只是一种玩具，其实，速叠杯除了可以训练学生手眼脑协调能力和灵巧度、提升注意力、增强团队合作意识之外，还能使学生身体两侧均衡发展，刺激大脑尤其是右脑的发育。

（二）数学文化＋魔术

数学魔术指运用数学原理设计的魔术，既蕴含数学的思维，又体现魔术的乐趣。基于数学魔术的数学探究，可以增强学生的数学情感，丰富学生的学习方式，发展学生的思维能力。运用于数学课堂的数学魔术必须基于教材内容，符合学生的年龄特征，尊重学生的思维方式，确保学生的学习权利，这样才能促进学生数学核心素养的提升，培养学生的创新能力。

（三）数学文化＋实践

在传统的课堂教学过程中，学生的数学活动只是“智力活动”，或更为直接地说是解题活动。对多数学生而言，数学的发现探索活动没有能够真正开展起来。

为了帮助学生理解和掌握数学概念，测量、手工操作、制作模型、实物或学具演示等形式都是数学实践的形式，理论与实践相结合，既可以培养学生手脑协调的能力，又可以培养学生的模型意识、抽象能力。

1. 预习性实践活动

预习的目的不仅仅是让学生做好学习的心理准备，更重要的是让学生在自主探索的过程中，获得数学知识与学习的经验，培养基本的数学思考方法和技能，培养初步的创新精神与实践能力。要有效地达到课前预习的目标，教师就必须根据教学内容和学生的实际情况设计出能激发学生兴趣、提高学生学习主体性、使学生获得学习成功感的预习活动。

对于小学生而言，趣味性较强的实践活动有助于学生求知兴趣的持续发展。教师应从小学生的年龄特点和生活经验出发，设计具有趣味性的数学实践活动。要充分调动学生学习的积极性，使数学学习过程成为学生主动的、充满乐趣的学习过程。例如，在一年级下册学习《平面图形的认识》之前，我们可以设计这样的实践活动：“观察生活中哪些地方可以见到各种各样的形状，你认识它吗？你能画出或者做出一个这样的形状吗?”等到上课时，经过全班交流，学生们都对长方形、正方形、三角形的学习产生了强烈的好奇心和兴趣，并且纷纷发言，对预习时发现的、感受到的知识进行热烈的讨论。学生在自我学习的基础上又有了进步的空间。同时，学生也在潜移默化中感受到数学来源于生活。

2. 体验性活动

数学学习是一个数学活动的过程，数学教学必须向学生提供充分从事数学活动的机会，通过一些实践活动，让学生在自主探索、合作交流的过程中掌握基本的数学知识与技能，获得数学活动经验。

例如，一年级上册在学生学习了《认识物体》以后，可给学生布置“动手搭出你喜欢的东西”这一体验性活动。让学生参与“摸一摸”“滚一滚”“堆一堆”“说一说”等活动，在合作交流中体会平面与曲面的区别。这样的活动有助于学生初步认识长方体、正方体、圆柱和球的一些特征。

再如，学习了五年级下册第三单元《长方体和正方体》容积和容积单位这部分内容之后，给学生布置“用带刻度的杯子量出1升水，找找家里或超市中某种液体的容积，感兴趣的学生还可以把土豆、萝卜削成规则的形状，计算出体积，再用排水法测出它的体积”。在动手实践的过程中，学生把所学的知识内化成了解决问题的能力。

3. 数学周记

苏霍姆林斯基说过：“在人的心灵深处，都有一种根深蒂固的需要，就是希望自己是一个发现者、研究者、成功者，而在儿童的精神世界中，这种需要特别强烈。”数学周记是学生体验成功的有效途径，它能使不同层次的学生得到发展，使每位学生体验到欢乐、体验到成功、体验到生活中处处有数学。比如，有一位同学的数学周记是这样写的：“周末，我们全家进行野炊活动，我们在一块开阔的地方把砖摆成一个有足够空间点火和放锅的锅灶。这个听起来很简单，但是做起来却很困难，不是柴放不进去就是口太大了，要不就是不牢固，怎么也摆不好。这时，我想起了三角形具有稳定性的特性，所以我们决定用砖摆一个‘△’。果然，我们的火烧得很旺，而且锅支得也很稳。今天，我运用了数学知识搭了炉灶做了饭菜，吃着自己做的午饭，心里真是说不出的高兴。”

再如，学了三年级下册第一单元《方向与位置》后，有一位同学在日记中这样写道：“从学校出发向东走，经过花洪路到天主教堂，再向南到洪楼广场，经过花园路，然后再向东走，在大约2000米的地方有一排排高楼，门前石头写着‘泉印兰亭’，那就是我家所在的小区。欢迎大家到我家来玩（还配有自己绘制的路线图）。”当学生写出自己的周记后，教师要尽量寻找某一优点加以表扬，如你会把所学的数学运用到生活中去了、你是小小数学家、你有自己的想法真是个爱动脑筋的好孩子等，带着这些鼓励，学生更喜欢写数学周记了。写数学周记能够给学生一方展示的舞台，每个学生都有机会在全班同学面前朗读自己的周记，有利于学生取长补短，增加自信心，让学生从老师的评价、同学互评及自评中享受成功的体验。

4. 互动性实践活动

这里的互动性实践活动是指学生和学生、学生和家长一起开启一项研究。比如，二年级学生在认识了《长度单位》之后，可以和父母一起量一量家里桌子的高度、长度，测一测沙发的宽度，记录下来。此时和父母一起活动，感受到的一定是满满的幸福。

再比如，学生在学习了《平均数的知识》之后，可以和同学们一起记录1分钟跳绳的成绩，然后计算出平均分。同学们既感受到了游戏的快乐，又巩固了所学的数学知识。为完成这一类作业，学生既有分工，又有合作，大家出谋划策，彼此信任，互相帮助，在互动中促进了交流。

5. 延伸性实践活动

教材在编排数学文化时都注重结合学生的认知特点，数学文化内容涉及历史、数学家、数学史多个等领域，多在“你知道吗?”版块中呈现，内容浅显易懂，但却让人有种意犹未尽的感觉。所以布置延伸性的作业时，应让学生能够保持那颗好奇的童心，带着探求真理的欲望，继续深入研究。

比如，六年级下册在《圆柱的体积》之后有这样一个练习题：“一个圆柱形木桶，底面内直径为4dm，桶口距底面最小高度为5dm，最大高度为7dm。该桶最多能装多少升水?”学生产生了这样的思考：为什么桶内水的高度由桶的最低处决定呢？这时把作业留给学生课后去探究，有一位学生就通过搜集资料研究了木桶定律，并从木桶定律中明白，遇到问题不要蛮干，要找到问题的短板，科学地予以解决，从而达到事半功倍的效果。

6. 手工实践

在教学中，让学生利用学到的知识，选择自己喜欢的方式做成手工作品，使原本枯燥、乏味的课本知识变成生动有趣、活灵活现的现实问题，不仅便于学生理解知识的内涵，而且能充分调动学生的积极性，激发学生学习的兴趣。

比如，三年级学生在学习了《年、月、日》之后，自己动手制作当年的台历。通过制作台历，学生内化了“大月”“小月”的知识，同时，制作台历还要注意版面设计的布局、色彩等，从而形成多学科知识的整合。

数学文化基础课程、拓展课程、探索课程的教学不仅仅是课堂上的学习和探索，更是在引导学生认识生活和数学之间的关系，培养学生“用数学”的意识、用数学的知识来解决生活中问题的能力，使学生在课下有探索数学奥秘的欲望，将用数学思考作为一种习惯，从而达到真正提高数学素养的目标。

7. 数学跨学科主题活动

《义务教育数学课程标准（2022 年版）》在课程实施的“教学建议”中指出：“综合与实践领域的教学活动，以解决实际问题为重点，以跨学科主题学习为主，以真实问题为载体，适当采取主题活动或项目学习的方式呈现，通过综合运用数学和其他学科的知识与方法解决真实问题，着力培养学生的创新意识、实践能力、社会担当等综合品质。”①

“人人都能获得良好的数学教育，不同的人在数学上得到不同的发展，逐步形成适应终身发展需要的核心素养”是我们数学教学的理念。为了充分挖掘学生的潜能，提高学生的数学素养，营造热爱数学、钻研数学的文化氛围，开展以“跨界学习、快乐探索、思维碰撞”为根本宗旨的跨学科主题活动，以一系列操作、研究、探索活动为基本载体，为全体学生展示自身的聪明智慧提供平台，让学生们感受探究的魅力，享受数学学习的乐趣，体验“学数学，其乐无穷；用数学，无处不在；爱数学，受益终身”。

① 中华人民共和国教育部：《义务教育数学课程标准（2022 年版）》，北京师范大学出版社 2022 年版，第 87 页。

第四节　数学文化校本课程的评价

《义务教育数学课程标准（2022年版）》在课程理念一章中提出："评价不仅要关注学生数学学习结果，还要关注学生数学学习过程，激励学生学习，改进教师教学……"① 评价是校本课程的重要环节，评价的作用是发挥它的育人导向，以评促学、以评促教。

一、评价的基本理念

以《义务教育数学课程标准（2022年版）》为指导，把课程、教学和评价进行统整，采用多元的评价主体和多样的评价方式。

二、评价方式丰富

校本课程的评价方式可以多样化，教师可以结合学习内容、学生学习特点，选择适当的评价方式。

（一）对比评价

"学业水平考试"是评价学生学习情况的一种重要方式。我们构建"文化＋"背景下的"融慧"课程的成效如何，是否达到了预期目标，特别是对中等生和学困生的数学学习是否有助力，可以通过对比来分析。数据是最好的证明，如"文化＋"背景下的"融慧"基础课程与传统课堂教学学业水平考试成绩对比、分析，学生的学习兴趣调查问卷等。

（二）评价方式多元

评价方式灵活多样，除书面测试之外，还可以采取口头测试、活动报告、课堂观察、课后访谈、课内外作业、成长记录等方式，也可以采取线上线下结合的方式。

① 中华人民共和国教育部：《义务教育数学课程标准（2022年版）》，北京师范大学出版社2022年版，第3页。

1. 课堂观察

教师的教和学生的学是相互融合在一起的，学生通过倾听、交流，建构自己的学习方式，在积极地用数学思考的同时，获得新的认知与情感体验。可以说，教师的课堂行为、学生的学习习惯及课堂氛围都在影响学生的学习。教师的教育智慧、学生的学习状态以及课堂文化的创设都会影响学生的学习效果。所以，观察学生学习状态是对我们课程评价的一个有效方法。表 4-10 是洪家楼小学学生学习状态课堂评价量表。

表 4-10　洪家楼小学“数学文化融入小学数学教学”课堂评价量表

——学生学习状态

执教人：＿＿＿＿＿＿班级：＿＿＿＿＿＿教学内容：＿＿＿＿＿＿＿＿

评价内容	评价指标	评价等次		
		A	B	C
注意状态（10 分）	教师讲解或演示时，目光注视老师。			
	听讲、练习或操作时神情专注。			
参与状态（30 分）	全员参与学习，没有开小差、做小动作现象。			
	约有一半以上学生能在小组学习或答问时积极发表见解。			
	独立思考、作业练习、操作活动等有效学习时间约占课堂时间的 70%。			
交往状态（10 分）	学生与老师交流表述完整，语言得体。			
	同学间能开展友好的互助合作。			
思维状态（30 分）	学生能用自己的语言有条理地解释、表述所学知识。			
	学生善于从多角度思考问题，能主动提出有价值的问题。			
	学生回答问题具有自己的思想或创意。			
情绪状态（10 分）	学生学习中伴有思索、微笑、点头等行为或紧张、轻松的神情。			
	能自我调控学习情绪，随着教学进程或解决问题的全过程产生不同的情绪变化。			

续表

评价内容	评价指标	评价等次		
		A	B	C
生成状态（10分）	在学习过程中有满足、成功与喜悦等体验，对后续学习有信心。			
	能够运用掌握的知识与技能，解决新问题。			
总评				
备注：根据观察情况，在相应栏内打“√”，在最后总评一栏计算综合得分。满分100分。				

2. 成长记录袋

成长记录袋记录学生成长的“故事”，是评价其发展水平、努力程度、学习状态的理想方式。相对于书面测试而言，它能向教师、家长和学生本人提供更为丰富的内容，更为注重过程性的评价和学生的参与。学生在学习过程中发现的数学问题，解决问题的过程和方法，甚至是对新问题的猜想、今后的研究计划都可以放入其中。可以有自我评价、同伴评价和教师评价的资料，也可以有自己或小组合作的作品、研究报告等。可以把成长记录袋变成一个“百宝箱”。

（三）评价维度多元

《义务教育数学课程标准（2022年版）》中提出：“在评价过程中，在关注‘四基’‘四能’达成的同时，特别关注核心素养的相应表现。”[①]例如，我们不仅要考查学生是否会乘法口诀，还要了解学生是否知道乘法口诀的含义、由来，是否会用乘法口诀解决生活中的实际问题，能否把现实生活中的问题用数学的眼光去分析。这种评价能使学生“知其然，更知其所以然”。学生看到自己的进步，感受到获得成功的喜悦，从而激发新的学习动力。

（四）评价主体多样

评价的主体是多元的。学生是学习的主体，在各项评价活动中，学生都是积极的参与者和合作者。因此，建立开放、宽松的评价环境，综合运用学

① 中华人民共和国教育部：《义务教育数学课程标准（2022年版）》，北京师范大学出版社2022年版，第90页。

生自评、生生互评、教师评价和家长评价等方式实现评价主体的多元化，能够帮助学生在评价中看到自己的进步，找到自己的不足，不断反思，认识自我，从而实现自主学习和成长。

1. 教师评价①

教师本身以教育者的身份及其教育方面的专业知识确立了其在学生中的权威性、影响力。教师的认可、赞扬可以使学生获得成就感，增强自信心。而且在学生的学习过程中，教师最能了解学生的学习情况，并能及时予以引导，因此，从学生的发展这个维度出发，教师评价对学生的发展至关重要。

2. 学生评价②

学生评价包括学生自评和学生互评。自评的过程实际上是学生对自己的反思过程，它能让学生发现自己的优点与缺点，形成有效的学习方法，提高学习能力，培养自控意识，主动发扬优点，克服缺点，在自我反思中不断成长。而同学互评是最有说服力的评价，可以起到互相督促、互相学习的作用，激励学生良性竞争，并培养学生虚心听取他人意见、诚恳对待学习伙伴以及良好的团队合作精神。因此，学生评价是评价的主体，是教学的有机组成部分。

3. 家长评价

当学校和家庭形成合力时，我们的教育工作就会达到事半功倍的效果。同样，学生渴望得到来自家长的认可、赞扬、鼓励。家长的积极评价会对孩子的成长起到督促的作用。及时引导或鼓励督促子女，不仅能够使亲子关系更加融洽，为孩子营造和谐的成长环境，而且会成为孩子继续前进的动力。因此，家长评价也是评价的重要方式之一。

（五）评价结果的呈现与运用

根据学生的年龄特征，评价结果的呈现采用定性与定量相结合的方式，关注每一名学生的学习过程。

定量评价是目前教师最常用的评价方法，定量评价可采用等级制的方

① 参见张昕：《小学品德学科“多彩评价”研究》，《现代教育》2016 年第 11 期。

② 参见楼肖丽：《立足过程，促进发展——过程性评价的尝试》，《吉林教育》2010 年第 7 期。

式。定性评价[①]可采用等级加评语的方式进行，在评语中应使用鼓励性的语言，客观、公正、全面地描述学生的学习状况，充分肯定学生的进步和发展，更多地关注学生已经掌握了什么、获得了哪些进步、具备了什么能力、在哪些方面具有潜能，并帮助学生明确自己的不足和努力方向，使评价结果有利于学生树立学习数学的自信心、提高学习数学的兴趣，促进学生的进一步发展。

三、评价量表

（一）基础课程

洪家楼小学“数学文化融入小学数学教学”基础课程课堂评价量表如表4-11所示。

表 4-11　洪家楼小学“数学文化融入小学数学教学”基础课程课堂评价量表

学校		班级		日期	
课题				授课教师	
评价项目	教学理念	评估内容		分数	得分
教学目标	目标意识	符合《义务教育数学课程标准（2022年版）》和教材、学生实际，教学目标明确，重点把握准确，难点突出到位。		20	
		体现数学学科本质，有数学文化的渗透。			
师生关系	平等意识	教师能真诚、民主、平等地对待学生，能宽容地对待学生的不同意见，能尽量地给每个学生发表自己见解的机会。		25	
		在学习过程中，学生能感受到教师的尊重，体验到民主、平等的氛围，感受到激励、鼓舞、指导和真诚的建议。			

① 参见陈伟汉：《如何在研学后教中对自己的学习进行学习评价》，《课程教育研究》2013年第35期。

评价项目	教学理念	评估内容	分数	得分
学生行为	参与意识	参与状态：利用多种感官有效参与数学活动，学习兴趣浓，学习信心足；能将自主、探究、合作学习等多种学习形式有效结合，积极参与知识的形成过程。	25	
		交往状态：学生有自主学习习惯，善于倾听，乐于合作，能在教师的指导下选择恰当的方法解决合作中出现的问题。		
		思维状态：学生思维活跃，能独立思考，大胆质疑，主动探究，积极交流，能回答问题，并有创见。		
		学习达成状态：识记、理解、经历、体验、感悟、掌握并运用数学知识，形成一定的学习能力，体验数学美。		
教师行为	主体意识	教学环境：营造宽松、和谐的课堂氛围。针对教学内容，合理采用辅助手段，创设情境，组织学生的情景活动。	25	
		基本素养：关注全体学生，教态亲切、自然；语言规范、简洁、生动；板书工整、美观。有良好的教学机智，能及时捕捉教学中生成的资源，并实施有效调控。评价及时，具有针对性、激励性、情景性、发展性。		
		数学文化融入课堂的内容选择：结合课堂教学内容，选取数学史、数学趣题、数学游戏等融入课堂。		
		数学文化融入课堂的方式：能在课堂中选择合适的契机融入数学文化，能遵循学生的认知规律和知识经验，体现人文关怀，注重积累、感悟、熏陶，弘扬人文精神，着力培养学生数学素养。		
		数学文化融入课堂的时机：能把数学文化巧妙地融入课堂教学，注重学生动机、兴趣、习惯、信心等非智力因素培养。		
		数学文化融入课堂的策略：选择合适的融入策略，选择恰当的教学方法，能深入浅出地指导学生如何学习。		
		数学文化融入课堂的效果：数学文化与课堂教学有机结合，课堂气氛和谐，师生互动，促进知识的掌握和思维的发展，效果良好。		
教学风格	特色意识	教学有个性，有特点，有独特的风格。	5	
		注重时代性、基础性和综合性，体现科学性与人文性。		
简要评语				

（二）拓展课程

洪家楼小学“数学文化融入小学数学教学”拓展课程课堂评价量表如表4-12所示。

表4-12　洪家楼小学“数学文化融入小学数学教学”拓展课程课堂评价量表

课程名称：________________参与人：______________

评价项目	描述语言	自评	互评	师评
参与程度	是否主动积极参与			
合作精神	是否大胆表达自己的想法			
	是否分工合作			
拓展能力	能否观察和思考问题			
	能否发现和分析问题			
	能否收集和整理信息			

（三）探究课程

洪家楼小学“数学文化融入小学数学教学”探究课程课堂评价量表如表4-13所示。

表4-13　洪家楼小学“数学文化融入小学数学教学”探究课程课堂评价量表

探究的问题：________________参与人：______________

评价项目	描述语言	自评	互评	师评
参与程度	是否主动积极参与			
合作精神	是否大胆表达自己的想法			
	是否分工合作			
探究能力	能否观察和思考问题			
	能否发现和分析问题			
	能否收集和整理信息			
反思				

第五章　数学文化相关教学案例集锦

数学文化可以协助教师培养学生的数学精神，帮助学生更好地理解数学知识、掌握数学方法、发展数学思维。教师不仅要提升自身的数学文化素质，更要将数学文化融入数学课堂教学的不同环节，希望通过转变数学教学理念、转变学生学习模式、优化数学学习内容，提升学生对于数学文化的深入理解、发展学生核心素养、推动学生全面发展。以下是数与代数、图形与几何、统计与概率、综合实践活动四大领域的精彩课例，直观展示数学文化策略如何融入数学课堂。

第一节　数与代数领域案例

数与代数是义务教育阶段学生数学学习的重要领域，在小学阶段包括“数与运算”和“数量关系”两个主题。“数与运算”包括整数、小数和分数的认识及其四则运算。数是对数量的抽象，数的运算重点在于理解算理、掌握算法，数与运算之间有密切的关联。学生经历由数量到数的形成过程，理解和掌握数的概念；经历算理和算法的探索过程，理解算理，掌握算法。初步体会数是对数量的抽象，感悟数的概念本质上的一致性，形成数感和符号意识；感悟数的运算以及运算之间的关系，体会数的运算本质上的一致性，形成运算能力和推理意识。“数量关系”主要是用符号（包括数）或含有符号的式子表达数量之间的关系或规律。学生经历在具体情境中运用数量关系解决问题的过程，感悟加法模型和乘法模型的意义，提高发现和提出问题、分析和解决问题的能力，形成模型意识和初步的应用意识。

数学文化作为教材的组成部分，它渗透在每一单元、每一课时中，通过附加式、融入式、复制式等方式将数学史、数学与生活、数学与科技、数学与人文艺术等方面巧妙地融合在教学中，为广大师生展示了数学文化的应用方法和策略。数学文化以它的趣味性、科学性、可学性、有效性和新颖性深深地吸引着学生，明晰的数学文化可以为数学提供学习背景，拓展学生数学思维与方法，使学生形成数学素养，从而实现体认数学文化的目标。

表 5-1 是项目组老师在执教人教版《数学》五年级上册《分数的意义》一课时的教学案例。

表 5-1　《分数的意义》教学案例

课题：分数的意义
课程标准与教材分析： 本课时的教学内容在《义务教育数学课程标准（2022 年版）》中隶属于“数与代数”中的“数与运算”，我们在已经认识整数、小数的基础上，继续认识分数。通过将数的认识和数的运算有机结合，感悟计数单位的意义，了解运算的一致性。通过学生熟悉的具体情境，引导学生初步认识分数，进行简单的分数大小比较，感悟分数单位。 《分数的意义》是人教版《数学》五年级下册第四单元第一课。本节课是学生初步认识了分数之后，帮助学生进一步理解建构分数的份数概念为目标的一节概念课，是对分数份数定义的第一次完整建构，也是从具象认识到抽象概括的一次跨越。整节课在观察、操作、分析、推理、抽象、概括等过程中渗透数形结合、一一对应等数学思想，发展学生的数感，体会分数与生活的密切联系，经历概括分数意义的过程，理解并概括分数的意义。
学情分析： 通过学习三年级下册学生已经初步认识了分数，他们已经会读写分数，初步感知了分数的意义，知道了平均分的对象可以是一个物体，也可以是多个物体。但到了四年级时，没有关于分数的相关内容。五年级分数的出现，学生难免会有一些遗忘，基于此种学情，课前给学生布置了创造分数的作业，课上通过动画演示，演绎平均分的过程，起到复习的作用，并对即将开展的新知探究打下基础。尊重学情，把握概念课教学的特点，让学生结合已有知识，运用学习素材，通过观察比较、分析异同、抽象概括等一系列高阶思维活动，经历归纳分数意义，体会单位“1”的概念，理解分数表示多少的相对性，同时渗透数形结合、一一对应等数学思想，发展学生数学抽象、数学建模等核心素养。进行课堂前测，确定教学起点。
学习目标： 1. 知识与技能目标：学生了解分数的发展史，在初步认识分数的基础上理解分数的意义，知道分子、分母和分数单位的意义。 2. 过程与方法目标：通过直观教学和动手操作，学生在充分感知的基础上，理解并形成分数的概念，学生发展实践观察及创新的能力，促进其思维的发展，通过同学间的合作，促进学生的倾听、质疑等优秀学习习惯的养成。 3. 情感态度与价值观目标：通过创设互相合作、积极探索的学习环境，发展学生抽象概括的能力。

续表

教学过程	数学文化融入分析
一、创设问题情景，引入分数 师：请同学们观看视频，当遇到测量结果不是整数时，我们该如何解决？ （生观看视频，思考不能出现整数时该怎么办，回忆相关分数知识。） 师：同学们，我们在三年级时已初步认识了分数，本节课我们将继续研究。（引出课题） **二、分类归纳、理解单位“1”** 师：下面涂色部分能用分数表示吗？如果能请说出分数，如果不能请说明原因。 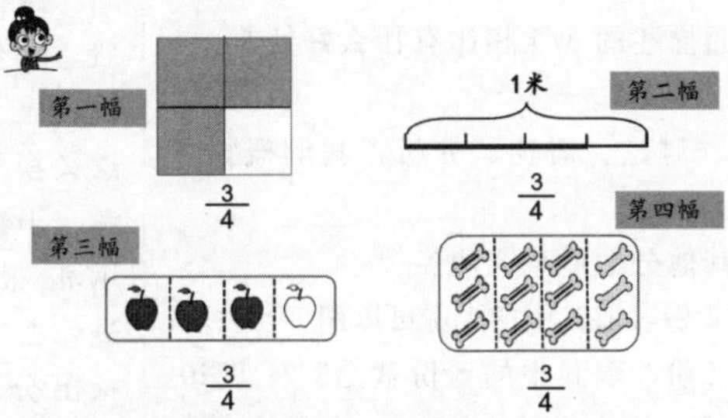 （生回答分数，或者说明不能的原因。） 师：这四幅图涂色的部分都可以用 3/4 来表示。 想一想，这里的四幅图画法不一样，为什么却都能表示 3/4？它们有什么相同之处？有什么不同之处？ （生独立思考、同桌互相交流，汇报。） 接下来我们研究一下哪里不同。 师：我们一起来看一下它们分的究竟是什么？（大屏演示“整体是什么？”） （生初步感知单位“1”。） 师：请同学具体说一说每一个 3/4 是怎样得到的？ （生说出每一个 3/4 是怎样得到的。） 师：这里简单的四幅作品，却不简单。其中，第一幅作品把一个物体看作一个整体。第二幅作品是把“一个计量单位”作为一个整体。第三幅则是把“一些物体”看作一个整体。那么，这个整体就有一个共同的名称，这些都叫单位“1”，你觉得还有哪些物体可以作为单位“1”？举例说明一下。	从分数产生入手，让学生们经历分物而引发冲突，充分体会分数产生的必要性，感受数学与生活的密切联系。创设问题情景，激发学生学习兴趣。纵向连接融入有关分数演变的历史及相关数学文化知识。 呈现大量分数素材，复习已有的分数知识，数形结合、直观演示，让学生直观感受分数的意义。

续表

三、类比归纳、理解分数意义 师：其实，这4个3/4有3个来自咱们班同学的作品，我们请他们具体说一说是如何得到3/4的。 生1：第一个图形，把一个大正方形平均分成4份，取其中的3份可以用3/4来表示。 生2：第二个图形，把1米长的线段平均分成4份，取其中的3份。 生3：第三个图形，把4个苹果平均分成4份，表示这样的3份。 师：第四个图形是王老师创造的，请同学起来说一说。 师：谁能用一句话来说一说3/4到底表示什么？ （生独立思考、小组交流） 师：把单位“1”平均分成4份，取其中的3份可以用3/4来表示，这句话表示的3/4和前面描述的3/4相比有什么好处？ （生对比分析） 师：经过刚刚我们的观察、讨论、对比、分析，我们概括了究竟什么是3/4，也就是3/4的意义。 你能用这种说法来说一说其他分数的意义吗？ 1/5，把单位“1”平均分成5份，取其中的1份可以用1/5表示；3/7则是把单位“1”平均分成7份，取其中的3份就是3/7；9/10，把单位“1”平均分成10份，其中的9份就9/10……分数有很多很多，说得完吗？谁能用一句话来说一说分数表示什么？先想一想，和你的同桌交流一下。 （生交流、汇报、读一读、说一说） 师：在数学上，我们把很多份、许多份称为“若干份”，表示这样的几份，书上为什么要说一份和几份呢？几：大于一而不包含一，我们把归纳总结出来的关键词，一块儿读一下，通过观察、对比、归纳，总结出了分数的意义。	通过分类，比较异同，初步感知3/4及整体的意义。对整体进行分类，通过具体实例，归纳理解单位“1”。抽象出其他的一般分数所表示的具体含义，充分经历从特殊到一般的抽象，体现了“归纳”的数学思想方法。 由特殊回归一般，逐步分析、归纳、建立出3/4的意义模型。独立思考、小组交流、展示汇报，层层递进，由3/4抽象概括出分数的意义，建立起了分数的模型。体现了“归纳”和“数学模型”的数学思想方法。
四、多层次练习，巩固提升 （一）理解生活中分数的意义 师：分数在生活中有广泛的应用，我们一起来看一下我们的导学案，大家从生活当中找到了很多具体的分数，你们找到的分数究竟是什么意义呢？ 先说说这个句子的单位“1”是什么，再说具体意义。	练习题及当堂测试题的设计紧扣教学目标，具有层次性、趣味性、综合性，能够有效落实与补充数学文化课堂。

续表

（二）动手操作，理解分数意义 现在同学们对分数一定有了更深入的认识，下面请同学们根据自己对分数意义的理解完成探究活动一。 小组讨论：你是怎样得到的这个分数？同样是 4 个圆，为什么表示的分数不同呢？ 提示：用虚线表示平均分。 这三幅图相同之处有哪些？不同之处有哪些？ （三）逆向思维，求单位“1” 小游戏：猜猜我有几支笔？ 先从笔袋中取出 2 支笔，这 2 支笔占了笔袋中笔总数的 1/3，请问笔袋中原来一共有几支笔？ 同桌互相玩一玩猜笔游戏。 生活中，我们也要有这种思路，有些事情，你可以顺着想一想，还可以倒过来想一想。有时候，我们倒过来想一想，说不定对事情的认识就会更加的深刻。 （四）辩论赛，提升认识 通过今天的学习，不知道同学们对分数的认识有没有更加深刻？我们来一场小小辩论赛吧！ 辩论赛 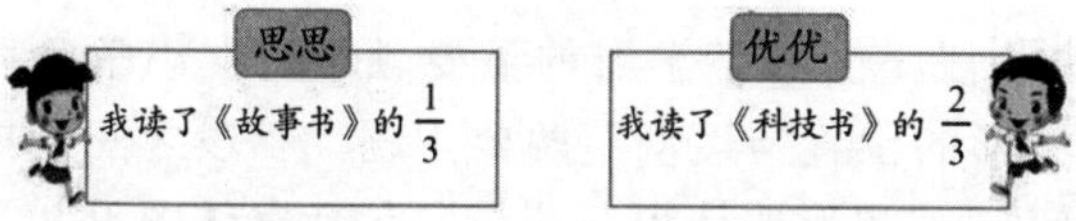 优优读的书的页数一定比思思读的书的页数多吗？ 请说明理由。	从学生找的生活中的分数的实例，加深学生对分数意义的理解，感受分数在实际生活中的广泛应用。通过动手操作、小组交流再次加深对分数意义的理解。逆向思维，在理解分数意义基础上算出单位“1”。德育渗透，多角度，逆向思考问题。让学生再次结合生活实例理解分数意义，并解决生活中的问题。从多方面培养学生的数学文化素养。
五、认识分数单位 师：同学们，大家知道吗？其实啊，分数和整数一样，也有自己的计数单位呢。像刚刚那样，把单位“1”平均分成若干份，表示其中一份的数就叫作分数单位。比如，2/5 的分数单位就是 1/5，同学们也可以互相举例。 师：它的分数单位是几？ 师：b 分之 a 呢？（均为非 0 整数） 大家想一想：分数单位是由分子还是分母决定的呢？ 师：分母是几，分数单位就是几分之一。	强调分数单位这个核心概念，体现“变中抓不变”的数学思想。充分体现了课程标准强调的一致性，此处不仅体现数的一致性，还有数与运算的一致性，为核心素养落地提供新视角。

续表

六、渗透数学文化，了解分数产生、演变过程 华罗庚说过："数是数出来的，量是量出来的。"那么分数呢，你们想到了吗？ 分数起源于分。 一起观看视频《分数的产生、演变》。 **七、课堂回顾、整体建构** 通过本节课的学习，你有哪些收获？ （学生根据思维导图梳理本节课所学知识） 关于分数你还有哪些想研究的问题？ （学生提出想研究的问题） 小结：同学们，刚刚我们一起再次认识分数，研究了分数的意义，在接下来的学习生活中我们还会不断地认识、了解分数，这节课我们就先上到这里。	纵向链接，将分数演变史等相关的数学文化知识自然融入课堂教学，拓宽学生视野，增加学生学习兴趣。 通过对课堂的回顾，对全课总结提升，并总结提炼数学思想方法。体现了"归纳"和"数学建模"的思想方法。通过学生提出问题为下面的学习埋下伏笔。

第二节　图形与几何领域案例

图形与几何是义务教育阶段学生数学学习的重要领域，在小学阶段包括"图形的认识与测量"和"图形的位置与运动"两个主题。学段之间的内容相互关联，螺旋上升，逐段递进。"图形的认识与测量"包括立体图形和平面图形的认识、线段长度的测量以及图形的周长、面积、体积的计算。图形的认识主要是对图形的抽象。学生经历从实际物体抽象出几何图形的过程，认识图形的特征，感悟点、线、面、体的关系；积累观察和思考的经验，逐步形成空间观念。图形的认识与图形的测量有密切关系。图形的测量重点是确定图形的大小。学生经历统一度量单位的过程，感受统一度量单位的意义，基于度量单位理解图形长度、角度、周长、面积、体积。在推导一些常见图形周长、面积、体积计算方法的过程中，感悟数学度量方法，逐步形成量感和推理意识。"图形的位置与运动"包括确定点的位置，认识图形的平移、旋转、轴对称。学生结合实际情境判断物体的位置，探索用数对表示平面上点的位置，增强空间观念和应用意识。学生经历对现实生活中图形运动的抽象过程，认识平移、旋转、轴对称的特征，体会运动前后图形的变与不变，感受数学美，逐步形成空间观念和几何直观。

图形与几何的教学核心是培养学生的抽象思维能力，锻炼学生的运算能力以及数学建模能力等，但这部分的知识难度也相对较高，趣味性相对不足。数学文化的融入不仅能够丰富图形与几何知识，而且能发挥文化驱动作用，促使学生感受数学内容的独特魅力，进而促使学生主动探索，全面提升学生的数学核心素养，数学文化的育人功能也将得以发挥。同时，数学文化也得以传承与发展。因此，数学文化和图形与几何教学的融合对二者的发展均具有重要的意义。

表 5-2 是项目组老师的精彩课例《组合图形的面积》展示。

表 5-2 《组合图形的面积》课例展示

课题：组合图形的面积
课程标准与教材分析： 《义务教育数学课程标准（2022 年版）》中还强调教材内容的呈现应体现过程性。学生学习不是单纯的模仿、练习和记忆，所选用的素材应尽量来源于自然、社会中的现象和问题，让学生在解决问题的过程中感悟知识的形成和应用，形成良好的数学思维习惯，增强应用意识，感受数学的价值和趣味。 《组合图形的面积》是人教版小学数学五年级上册第六单元的内容。此时学生已具有平行四边形、三角形和梯形面积计算的方法和经验，因此，学生在计算组合图形面积时，自然就会想到要利用分割或添补的方法把一个组合图形转化成已学过的平面图形后再进行计算。这样的教学安排，一方面可巩固对各种平面图形特征的认识和面积计算公式的运用，有助于促进学生发展空间观念；另一方面可以将所学的知识充分地融合运用，从而提高学生的综合运用能力。教材在内容呈现上突出了两个部分：一是感受计算组合图形面积的必要性，二是针对组合图形的特点充分授权学生，使其自主探索。
学情分析： 在本课探究组合图形面积的计算方法之前，五年级的学生已经有了平面图形相关的知识储备，他们已经对长方形、正方形、平行四边形、三角形、梯形等平面图形的特征有了非常直观深入的认知，并能比较熟练地计算出它们的面积。加之各种平面图形在生活中是很常见的，作为五年级的学生也具备了较强的综合运用能力及丰富的生活经验，学生有能力自己探究出组合图形面积的计算方法并独立解决生活中的类似问题。 “学情前测”置于前一天的作业当中，在前测题中设计了一些基本图形面积计算复习知识，既有学习过的基本平面图形面积计算公式的复习，也有实际生活中的解决问题。通过对学生的前测分析，认识到虽然五年级学生已经具备了较强的“观察、操作、交流、讨论、猜测”等基本动手能力和探究能力，但教学时要注意引导学生认识到要根据已知条件对图形进行分解计算，而不是任意分解都能计算。同时，提醒学生分解图形时要尽量用简便的计算方法，熟练运用转化的思想方法去探索掌握多样化的解决问题的策略。
学习目标： 1. 知识技能目标：在自主探索的过程中，理解计算组合图形的多种方法；能根据各种组合图形的条件，有效地选择计算方法并进行正确的解答。 2. 数学思考目标：在自主探索的基础上进行合作交流，归纳组合图形面积的计算方法；学生应用转化的数学思想方法解决组合图形面积问题，体验解题策略的多样性及优化意识，培养学生的空间观念及良好的数学思维品质。 3. 问题解决目标：以生活素材为依托，从数学的角度发现问题、提出问题，综合运用所学的数学知识分析解决组合图形面积的问题，增强应用意识，提高实践能力。 4. 情感态度目标：积极参与数学活动，养成独立思考、合作交流、反思质疑等良好的学习习惯，产生积极的数学学习情感，感受数学文化魅力。

续表

<table>
<tr><th>教学过程</th><th>数学文化融入分析</th></tr>
<tr><td>

课前活动：智趣展演——益智七巧板

课件播放学生录制的“智趣展演”视频。

一、创设情境，聚焦问题

（一）形象感知组合图形的特征

课件出示：

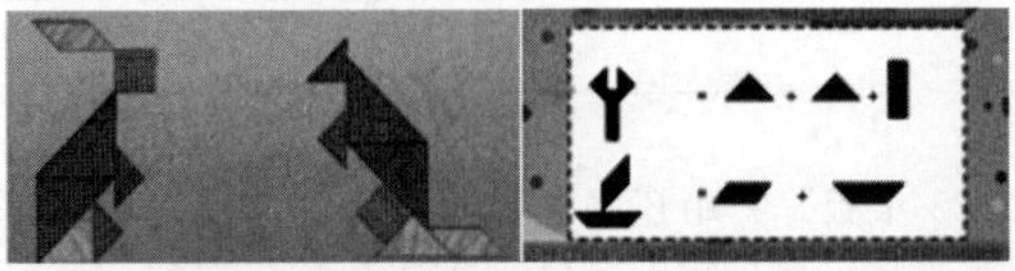

（二）抽象概念

像这样由几个基本图形组合而成的平面图形就叫组合图形。

（三）观察寻找

1. 找一找：生活中的组合图形。

课件出示课本第 99 页的主题图。

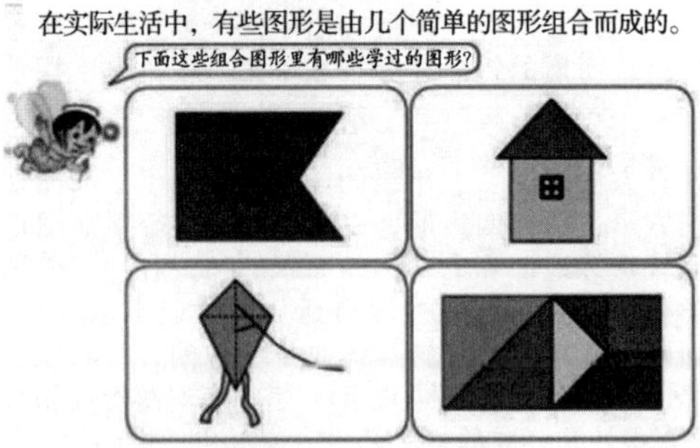

2. 说一说：生活中哪些地方有组合图形。

二、合作探究，解决问题

（一）任务单一

康老师家要装修新房子了，现在需要铺客厅地板（客厅形状如下图）。

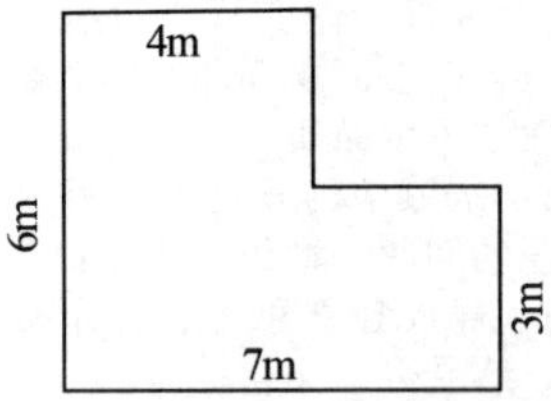

</td><td>

“智趣展演”利用数学文化故事引入，不但提高了学生数学语言表达能力、开阔了视野、感受到了中国数学文化的博大精深，更有助于学生带着浓厚的兴趣投入到接下来的学习过程中，实现学有兴趣。

“创设情境，聚焦问题”这一环节中呈现了形态各异的用七巧板拼组而成的组合图形作品，让学生直观感知组合图形特征后，揭示其概念，并通过思考分析知道组合图形可以转化成不同的基本图形。为接下来学生自主探究新知做了充分的铺垫。将数学趣题纵向融入课堂教学。

设计了“铺地板”的情境建立课堂学习活动与生活的关联，而接下来创编使用的例题也更有利于拓宽学生思维的深度和广度，发展学生的数学思想。

</td></tr>
</table>

续表

<table>
<tr>
<td>
请小组合作，一起帮老师算一算，康老师需要买多大面积的地板呢？
1. 分析问题：要想求买多大面积的地板实际上就是求什么？
2. 揭示课题：组合图形的面积。
3. 自主探索，交流思路。
(1) 思考观察图形特点，初步探究解题方案。
(2) 独立试做，比一比哪个小组找到的方法多。
(3) 交流解题思路。
①学生分组汇报，并将自己的方案贴到黑板上。
方法一：转化成两个长方形。
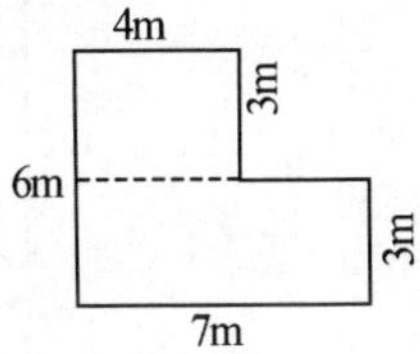

6－3＝3（米）
4×3＋3×7
＝12＋21
＝33（平方米）
答：要买33平方米的地板。
方法二：转化成一个长方形和一个正方形。
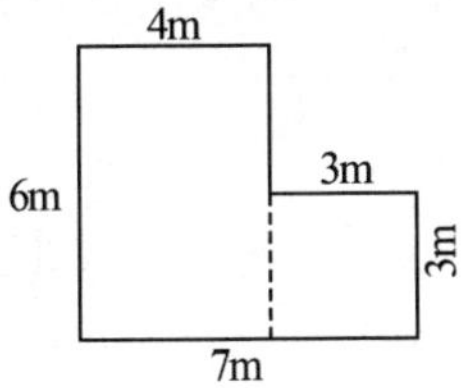

7－4＝3（米）
4×6＋3×3
＝24＋9
＝33（平方米）
答：要买33平方米的地板。
</td>
<td>
任务单一创造性地使用教材对例题进行了创编，谈话式进入例题的自主探究学习与合作交流。《义务教育数学课程标准（2022年版）》指出："学生学习应当是一个生动活泼的、主动的和富有个性的过程。认真听讲、积极思考、动手实践、自主探索、合作交流等，都是学习数学的重要方式。学生应当有足够的时间和空间经历观察、实验、猜测、计算、推理、验证等活动过程。"教师要根据对学生合作探究巡视过程中获取的信息，对学生作品组织合理的、有重点性的、有层次性的交流、展示、汇报。
</td>
</tr>
</table>

续表

方法三：转化成一个正方形和两个长方形。 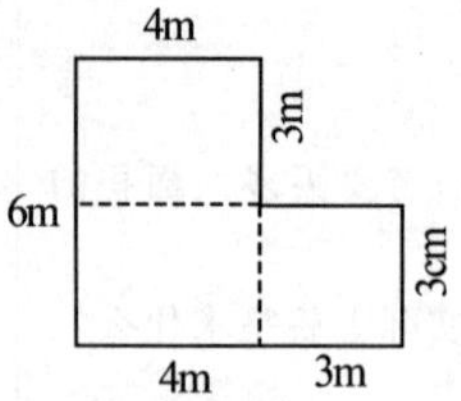 6－3＝3（米）　7－4＝3（米） 3×3 ＋ 4×3 ＋ 4×3 ＝9＋12＋12 ＝21＋12 ＝33（平方米） 答：要买33平方米的地板。 方法四：转化成两个梯形。 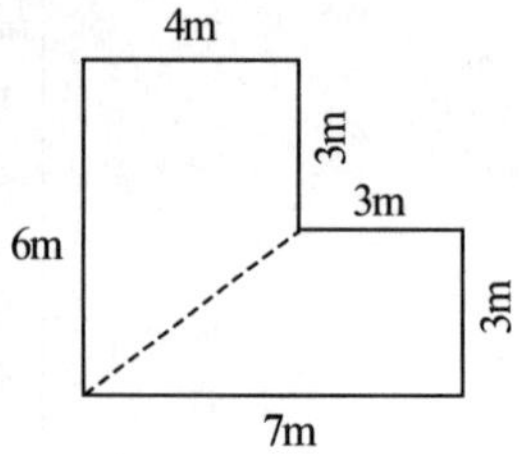 6－3＝3（米）　7－4＝3（米） （3＋7）×3÷2＋（3＋6）×4÷2 ＝10×3÷2＋9×4÷2 ＝30÷2＋36÷2 ＝15＋18 ＝33（平方米） 答：要买33平方米的地板。 方法五：转化成一个长方形和一个正方形。 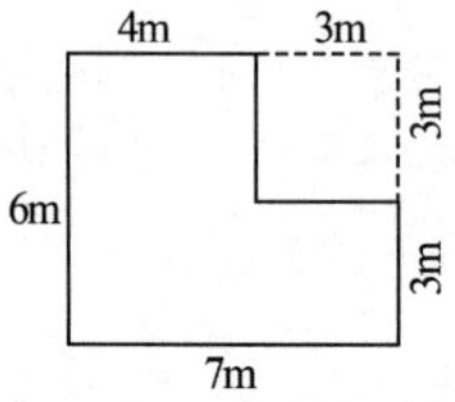 6－3＝3（米）　7－4＝3（米） 7×6－3×3 ＝42－9 ＝33（平方米） 答：要买33平方米的地板。 …………	此处体现了“分类讨论”的数学思想方法。

续表

②梳理分类，提炼方法。 分割法　　　　　　　　　　添补法 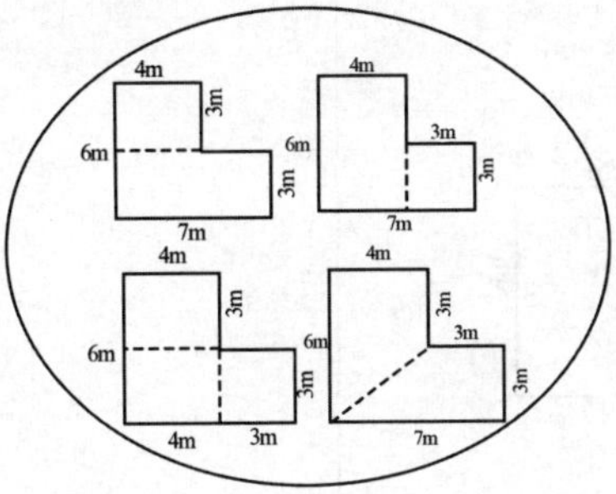 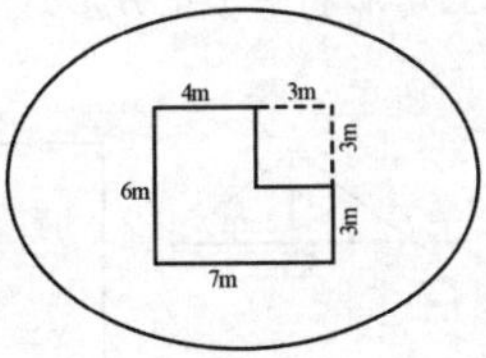 （二）任务单二 同学们能利用我们新学的知识，求出以下图形的面积吗？试一试，你能想到几种方法？ 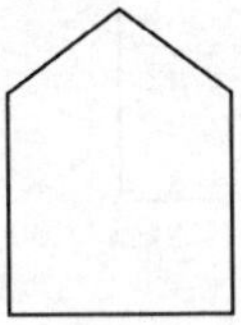 1. 分析与解答 （1）根据图形特点，探究分割方法 方法一：分割成一个三角形和一个正方形。 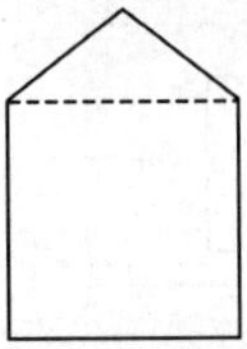 方法二：分割成两个梯形。 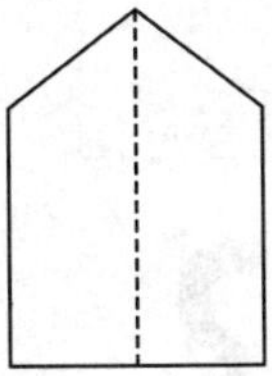 …………	任务单二属于初步学习后的基础训练，是对学习内容的巩固深化，更是学生形成基本的数学技能的重要环节。任务单二是根据教材第 99 页例 4 进行的改编，在教材例题的基础上先隐蔽了相关数据，改变了题目的呈现方式，更有利于学生将前面所学的知识方法进行内化。在学生解决问题的过程中要结合学生实际，引导激发学生求异思维，拓宽其思维的广度与深度。语言是思维的外壳，学生在展示交流过程中其思维的深度、广度及敏捷性、层次性得到了锻炼和提升。此处体现了“化归”的数学思想方法。

续表

(2) 质疑求解

①根据选用的方法测量出相关数据并解答。

②汇报交流。

方法一：分割成一个三角形和一个正方形。

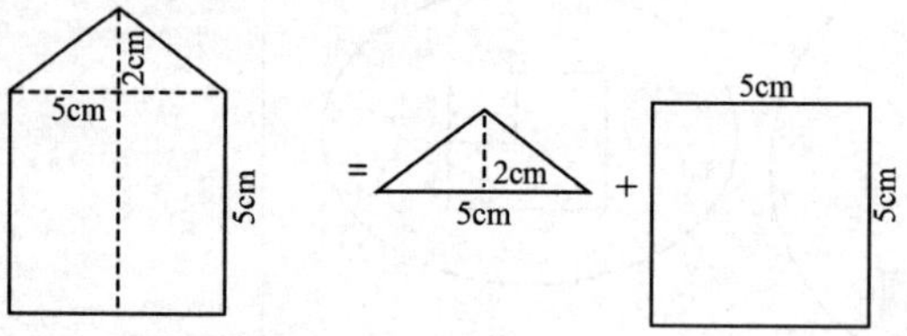

5×2÷2+5×5

=5+25

=30（平方厘米）

方法二：分割成两个梯形。

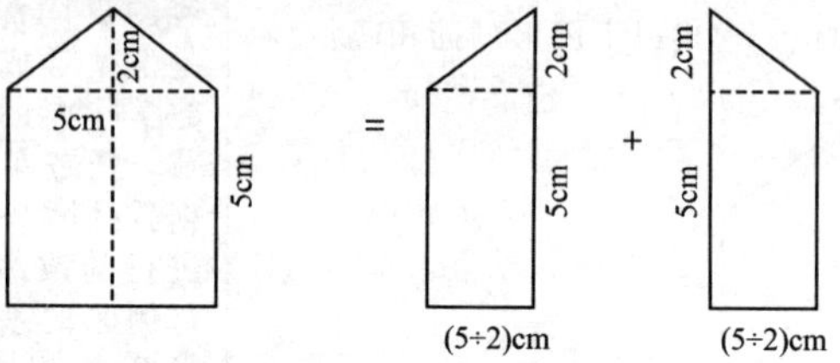

(5+5+2)×(5÷2)÷2×2

=12×2.5÷2×2

=30（平方厘米）

…………

2. 回顾与反思

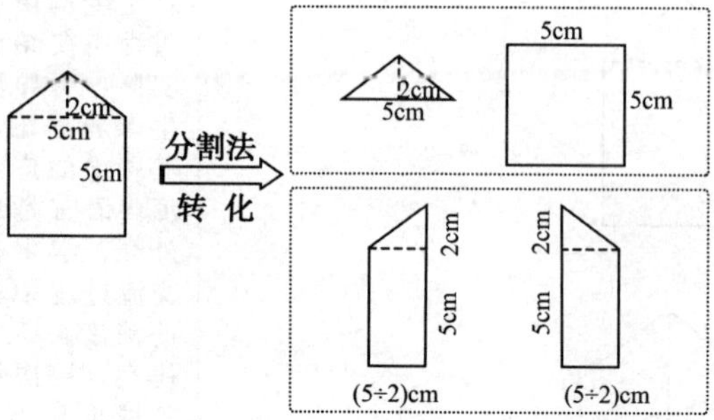

续表

三、梳理总结，归纳提升

（一）静静思考，强认知

静静地思考，在探索组合图形面积的过程中你都有哪些收获？计算组合图形面积的基本步骤和方法有哪些？

（二）畅所欲言，谈收获

全班交流汇报。

基本步骤：

1. 先观察再分析组合图形可分割成哪些会计算面积的基本图形。

2. 找出计算基本图形的条件。

3. 选择合适的方法，先计算基本图形面积，从而计算出组合图形面积。

基本方法：分割法、添补法。

（三）教师点拨，增技能

出示学习锦囊：计算组合图形面积，应使用最少的数据，寻求最简单的方法：合理割补、分块求积、先割后加、先补后减。

四、对标练习，拓展提高（当堂检测）

自主选择求助热线（要求：根据自己情况自选一题完成）。

1. 来自农民伯伯的求助信（★）：

乐于助人的小朋友，你能帮我算一算下面这块菜地的面积是多少平方米吗？

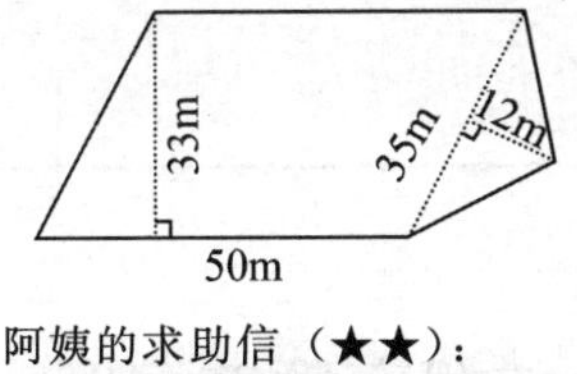

2. 来自工人阿姨的求助信（★★）：

数学小天才们，我厂现在要生产一批零件，下图是这种零件的横截面图，你能帮我算出这种零件的横截面面积吗？

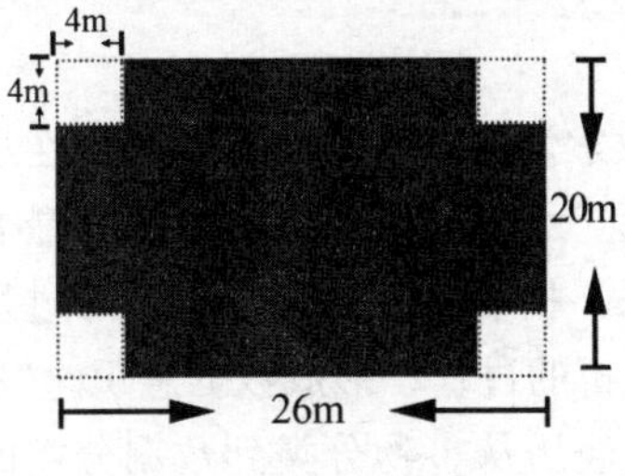

“梳理总结，归纳提升”环节通过学生的自我反馈，总结提炼了求组合图形面积的基本步骤及方法，加强了对“转化”这一数学思想方法的认知与运用。全课总结，是对所学知识、思想方法的梳理、总结、提升，要和学生以往经验做好对接、融合，还要为后续要学习的内容做好铺垫，承上启下。在这样的过程中，学生是绝对的主角，学生在展示、交流、评价的过程中构建了“学有兴趣、学有习惯、学有思维、学有动力、学有所得”的“五有好学堂”课堂样态。

这三道题均来源于生活，体现数学与生活相结合的理念。让学生选择感兴趣的问题并结合自己掌握知识的实际情况进行解答，每个问题考察点各有侧重。进行星级评价，“保底不封顶”，充分满足不同层次的学生需求，激发学生的学习动

续表

<table>
<tr>
<td>

3. 来自小红的求助信（★★★）：

亲爱的同学们，你能帮我算出这面旗帜的面积吗？

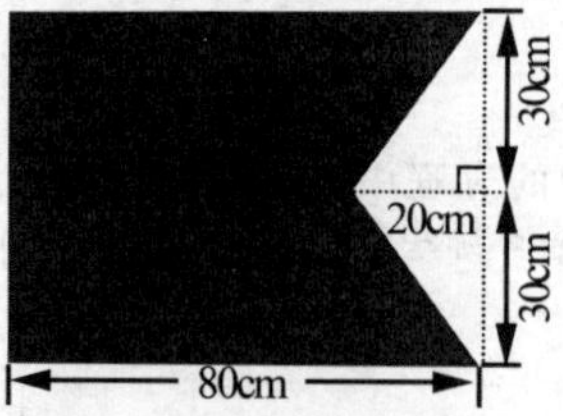

五、学以致用，情感升华

布置作业，重实践；名言共勉，激情感。最后，用华罗庚的名言结束本节课。

宇宙之大，粒子之微，火箭之速，化工之巧，地球之变，生物之谜，日用之繁，无处不用数学。

——华罗庚

[板书设计]

组合图形的面积

分割法　　　　添补法

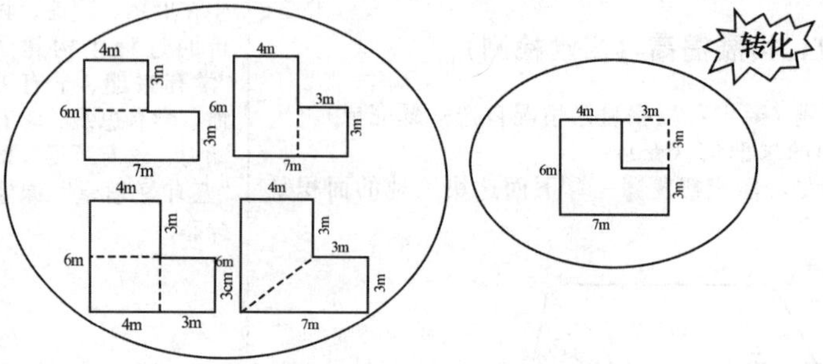

</td>
<td>

力，挖掘学生的学习潜力。设计不同层次的习题，层层对应落实核心素养。设置合理的数学文化作业，有效落实与补充数学文化课堂。

在“学以致用，情感升华”环节中给学生布置了本节课的课后实践作业，除了知识技能的梳理，更有数学思想方法的回顾与反思，还有“数学源于生活，用于生活”的价值体系，并用我国伟大的数学家华罗庚的一句名言激发学生热爱生活、热爱数学的情感。

</td>
</tr>
</table>

第三节　统计与概率领域案例

统计与概率是义务教育阶段数学学习的重要领域之一，在小学阶段包括“数据分类”“数据的收集、整理与表达”和“随机现象发生的可能性”三个主题。这些内容分布在三个学段，由浅入深，相互联系。学生在学习过程中，能够了解统计与概率的基础知识、感悟数据分析的过程、形成数据意识。“数据分类”的本质是根据信息对事物进行分类。学生经历从事物分类到数据分类的过程，感悟如何根据事物的不同属性确定标准，依据标准区分事物，形成不同的类。在学习统计图表时，学生将进一步认识数据的分类，从中感悟对事物共性的抽象过程，不仅为统计学习，也为数学学习奠定基础。“数据的收集、整理与表达”是用统计图表、平均数、百分数来表达数据。在学习过程中，让学生初步感受现实生活中存在大量数据，其中蕴含着有价值的信息，利用统计图表和统计量可以呈现和刻画这些信息，形成初步的数据意识。“随机现象发生的可能性”是通过试验、游戏等活动，让学生了解简单的随机现象，感受并定性描述随机现象发生可能性的大小，感悟数据的随机性，形成数据意识。

统计与概率是对随机现象统计规律的研究，特色研究对象形成了特色的研究思维和方法。因此，统计与概率教学的根本宗旨不仅在于问题的解决，还在于灵活性等学科思维的塑造。将数学学科实践以及统计概率原理紧密衔接，有关教学应着眼于实现数学文化的渗透，确保将数学文化融入紧密衔接的全过程。建立数学文化视角下的统计与概率教学具备更优的教学实效性，这一教学举措必将优化教学模式。

表 5-3 是项目组老师执教人教版五年级上册《我的游戏我做主》一课的教学案例。

表 5-3　《我的游戏我做主》教学案例

课题：我的游戏我做主
课程标准与教材分析： 《义务教育数学课程标准（2022 年版）》指出：“统计与概率是义务教育阶段数学学习的重要领域之一，在小学阶段包括‘数据分类’‘数据的收集、整理与表达’和‘随机现象发生的可能性’三个主题。这些内容分布在三个学段，由浅入深，相互联系。学生在学习过程中，了解统计与概率的基础知识，感悟数据分析的过程，形成数据意识。”“‘随机现象发生的可能性’是通过试验、游戏等活动，让学生了解简单的随机现象，感受并定性描述随机现象发生可能性的大小，感悟数据的随机性，形成数据意识。”“能列举生活中的随机现象，列出简单随机现象中所有可能发生的结果，判断简单随机现象发生可能性的大小。对于现实生活中的一些简单问题，能根据数据提供的信息，判断随机现象发生的可能性。” 《可能性》是五年级上册的内容。“统计与概率”中的统计初步知识学生在之前的学习中已经涉及，但概率对于学生而言还是一个全新的概念，它是学生以后学习有关知识的基础。本课时的主要教学内容是事件发生的确定性和不确定性。教学关键是使学生对“可能性”的认识和理解逐渐从定量向定性过渡，并让学生把对“随机现象”的丰富的感性认识升华到理性认识。
学情分析： 五年级学生已经具备了一定的生活经验和统计知识，对现实生活中的确定现象和不确定现象已经有了初步的了解，并有一定的简单分析和判断能力。但学生只是初步的感知这种不确定事件，对具体的概念还没有深入地理解和运用。根据学生的年龄特点和生活经验，教师做出适当引导，学生就会进行正确的分析和判断。所以教材将学生熟悉的现实情境引入学习内容，设计了多种不同层次的、有趣的活动和游戏，激发了学生的学习兴趣，使其感受到数学就在自己的身边，体会数学学习与现实的联系，为学生自主探索、合作学习创造机会。 在教学中，教师要利用这些情境让学生积极地参与到学习活动中，让学生在具体的操作活动中进行独立思考，使学生在大量观察、猜测、试验与交流的过程中，经历知识的形成过程，逐步丰富对不确定现象及可能性大小的体验。

续表

<table>
<tr><td colspan="2">学习目标：
1. 通过游戏实践操作，体验事件发生的概率（可能性）及游戏规则的公平性，体会游戏的趣味性。
2. 进一步感受事件发生的概率是有大小的，初步感知可以用 0～1 之间的一个数来表示概率的大小。
3. 了解概率的发展史，会运用概率知识和数学知识创设简单的数学游戏，培养学生的创新思维。</td></tr>
<tr><td>教学过程</td><td>数学文化融入分析</td></tr>
<tr><td>一、引入新课
同学们，今天老师和大家一起上一节数学文化课，课题是《我的游戏我做主》。同学们，从课题中你读到了什么关键字？（游戏，我做主）。没错，这节课老师要和大家一起上一节好玩的数学课。
二、合作交流，探究问题
1. 游戏初体验，“一定”和“不可能”
师：同学们，既然这节课我们要一起玩游戏，那么我们就需要有道具，老师给每个小组准备了一个抽奖箱和不同数量的球。玩游戏除了要有道具还需要有什么？对，在玩游戏的过程中我们每个人都应该严格遵守游戏规则。
同学们，老师这里有一个盒子，现在我把 4 个黄色球放到里面，任意摸球，结果会怎样呢？
生：会摸到黄球，一定会摸到黄球。
师：这位同学用了“一定”这个词，你为什么这样说？
生：因为盒子里只有黄色球，所以一定会摸到黄色球。
师：好，我把这个词写下来：“一定”。
同学们，从这个盒子里任意摸球，摸到的一定是黄色球，这个事情的结果是确定的，我们用“一定”来描述。如果老师想从里面摸出白球，大家觉得结果会怎样？
生：一定不会摸出白球，不可能！
师：这个同学用了一个词“不可能”，为什么？
生：因为盒子里没有白色球，所以不可能摸出白色球。
师：也就是说，从盒子里任意摸球，能出现两种结果是肯定的了。一种是“一定”摸出黄球，一种是“不可能”摸出白球，对吗？
生：对。
2. 感知事情发生的可能性
哪位同学有办法能让“不可能”变为“可能”呢？
生：往盒子里放入白色球。
师：好，我现在往盒子里面加入一个白色球，再来任意摸球，那结果又会怎样呢？</td><td>本节课把抽象的统计与概率知识创编成摸球的数学游戏融入数学课堂教学，让同学们从游戏中掌握知识，达到寓教于乐、在玩中学的效果。</td></tr>
</table>

续表

生：有可能摸到黄色球，也有可能摸到白色球。 师：为什么是这样的结果呢？ 生：因为盒子里现在有两种颜色的球，我们也不确定能摸到哪种，两种都有可能被摸到，所以用“可能”这个词。 师：好，这个词用得真好。 3. 感知可能性有大小，引出概率 师：同学们，现在老师从这个盒子里任意摸一个球，大家认为我最有可能摸到哪种颜色呢？ 生：黄色球。 师：为什么这样认为？ 生：因为黄色球比白色球多，所以更容易摸到黄色球。摸到黄色球的可能性更大一些。 师：同学们，可能性是有大有小的，在数学上，我们把事情发生的可能性的大小，就称之为“概率”。 4. 初步感知概率的范围 回顾刚才的摸球游戏，不可能摸到白球，我们就说摸到白球的概率为“0”，那么，一定能摸到黄球，我们就说摸到黄球的概率为“1”。 **三、展示汇报，质疑点评** 1. 自主游戏，感知 师：刚才我们一起进行了摸球实验，很容易得出了概率等于0和概率等于1的情况。接下来我们继续研究更复杂的摸球游戏，请同学们看游戏规则。 （一生读游戏规则） 师：同学们，根据这个游戏规则来摸球，会有哪些可能的结果呢？ 生：一黄一白，两黄，两白，一黄一黑，一白一黑，两黑。 师：到底同学们猜测得对不对呢？我们需要验证一下。 （生分组玩游戏） 2. 汇报游戏结果 师：同学们，在这6种可能的结果中，哪种结果被摸到的概率大呢？为什么？ 生：应该是一黄一白，因为数量多。 师：这个游戏再次告诉我们，随机事件的概率是不确定的。 3. 中彩票的概率 同学们，其实生活中很多地方用到了概率，比如彩票。下面我们就一起来模拟一下购买彩票的游戏。规则是：一共有3个数位，每个数位里面装有标着0～9数字的10个球，只有你买的彩票3个数都正确，才算中奖。下面请每位同学在练习本上随便写一个三位数。然后我们一起开奖。	教材选用熟悉的情境，设计了不同层次的、有趣的活动和游戏，使学生逐层感受到不可能、可能，以及概率的大小，使学生感受到数学就在身边，激发了探索、合作学习的乐趣。

续表

请问：你中奖了吗？ 分析一下自己为什么没有中奖？ 中奖的概率是多少？ 小结：的确，用我们今天学到的概率知识来分析一下，买彩票中大奖的概率太小了，如果想靠买彩票中大奖、发大财，这样的想法是不正确的。所以，我们需要理性分析，彩票有风险，投资需谨慎。 **四、过程方法，总结提升** 同学们，生活中，还有哪些应用概率的例子？ 生1：超市转盘中奖的例子。学了今天的知识就可以理性分析中奖的概率是多大。 生2：破解手机密码的概率非常低。 同学们，现在是大数据的时代，我们一起来了解大数据下的统计和概率的部分资料…… 这节课就上到这里。	由数学中的思想方法推移到生活中的场景，让学生更加深刻地体会数学在生活中的应用，进而更加体会到数学文化与生活的紧密联系。

第四节　综合实践活动领域案例

综合与实践是小学数学学习的重要领域。学生将在实际情境和真实问题中，运用数学和其他学科的知识与方法，建立发现问题、提出问题、分析问题、解决问题的过程，感悟数学知识之间、数学与其他学科知识之间、数学与科学技术和社会生活之间的联系，积累活动经验，感悟思想方法，形成和发展模型意识、创新意识，提高解决实际问题的能力，形成和发展核心素养。综合与实践主要包括主题活动和项目学习等。在主题活动中，学生将面对现实的背景，从数学的角度发现并提出问题，综合运用数学和其他学科的知识与方法，分析并解决问题。项目式学习的设计以解决现实问题为重点，综合应用数学和其他学科知识解决问题，让学生体会数学知识的价值以及数学与其他学科的关联。

在小学数学学习中，综合实践是需要学生人人参与的必修学习活动，具有趣味性、思考性、实践性、操作性等特点，是小学数学学习中一项非常重要的学习内容。数学文化，是学生认识数学本质的重要内容，在小学数学综合实践活动中渗透数学文化，可有效提升学生的数学素养，提升学生学习数学的积极性和主动性。因此，在实际教学过程中，教师应把数学知识与数学文化进行深度融合，利用科学、合理的手段，指引学生在各项活动中学习数学知识，不断提高学生的综合能力，促进学生全面发展。

表 5-4 是项目组老师执教人教版《数学》四年级上册《最佳对策》一课的教学案例。

表 5-4　《最佳对策》教学案例

课题：最佳对策
课程标准与教材分析： 《义务教育数学课程标准（2022 年版）》中提出以下学业要求：能够积极参与活动，在活动中能独立思考问题，主动与他人交流，经历实地测量、收集素材、调查研究、解决问题的过程，提升思考问题的能力，积累根据解决问题的需要合理选择策略和方法的经验，形成模型意识与初步的应用意识和创新意识。 《最佳对策》是人教版小学数学教材四年级上册第七单元“数学广角——运筹学”中例 4 的内容，主要是探讨“田忌赛马”对策问题，并从中体会对策论在实际生活中的应用。教材选用“田忌赛马”作为例题，是因为它是最早、最典型的案例。为了让学生更好地从数学的角度去理解这个故事，在进行教学时，对其进行了改造和创新。在教学过程中，用学生喜爱的扑克牌游戏进行探究，在原有要求的基础上设计了三次认知冲突。这样学生们在游戏中探索出了获胜的“最佳对策”，而把“田忌赛马”由例题变为练习题的设计，以数字替代文字，以游戏替代故事，更易于学生理解。用游戏活动建构课堂，让学生在玩中学，在学中玩，生动有趣，也更具有实效性。
学情分析： 学生的知识技能基础：二年级上册学生学习了简单的排列，三年级上册学习了简单的组合，所以已经具有组合和排列的有关知识，而且对可能性大小有了初步的认识。本单元的前三个例题已经研究了烙饼、沏茶、码头卸货等问题，学生对运筹思想、优化思想已经有了一定体会。 学生的活动经验基础：经历前面的学习和探究，学生已经有了一定的活动经验，能倾听别人的意见并能通过分析尝试提出建议，知道尊重客观事实，不固执己见，具备小组合作学习、探究的经验和能力。
学习目标： 1. 通过简单的事例，学生初步体会对策论在解决实际问题中的应用。 2. 通过探究活动，学生认识到解决问题策略的多样性，形成寻找解决问题最优方案的意识。 3. 感受数学在日常生活中的广泛应用，尝试用数学的方法来解决生活中的一些问题。

续表

<table>
<tr><th>教学过程</th><th>数学文化融入分析</th></tr>
<tr><td>

一、游戏导课，设疑激趣

师：同学们，你们喜欢玩游戏吗？

生：喜欢！

师：今天老师就和大家一起玩扑克牌比大小的游戏。

（课件展示扑克牌出牌、翻牌过程，呈现红方、黑方的牌。）

师：游戏规则是每人三张牌，你出一张，我出一张，谁数字大谁赢，三局两胜。

师：红方的牌是？

生：10，7，4。

师：黑方的牌是？

生：9，6，3。

师：同学们，你们认为哪一方赢的可能性大？

生：红方。

师：怎么赢？

生：10—9，7—6，4—3。

师：厉害！三局三胜，赢了！

<table>
<tr><th></th><th>第一局</th><th>第二局</th><th>第三局</th><th>获胜方</th></tr>
<tr><td>红方</td><td>10</td><td>7</td><td>4</td><td rowspan="2">红方</td></tr>
<tr><td>黑方</td><td>9</td><td>6</td><td>3</td></tr>
</table>

师：看来牌大就是有优势，现在老师代表黑方，我的牌是9，6，3。哪位同学愿意代表红方和老师比一比？

（找一位同学到讲台前站在老师左侧，给他/她红方的三张牌。）

师：其他同学当裁判，要求公正宣布获胜者的名字，并举起朝获胜者方向的那只手。

</td><td>将“田忌赛马”的故事创编成用扑克牌比大小的游戏，通过游戏来突破本节课的难点，让学生更好地理解“对策论”这一抽象数学概念。</td></tr>
</table>

续表

<table>
<tr>
<td>
生1：我出10。(举起扑克牌10)
师：我出3。(举起扑克牌3)
裁判：生1赢。(举起右手)
生1：我出7。(举起扑克牌7)
师：我出9。(举起扑克牌9)
裁判：王老师赢。(举起左手)
生1：我出4。(举起扑克牌4)
师：我出6。(举起扑克牌6)
裁判：王老师赢。(举起左手)
师：最终谁获胜?
裁判：王老师。
师：哈哈，我赢了！谁不服，再和老师比一次?
(同学们都积极地举起手，老师邀请另一位同学上台继续与老师比试。第二次比试还是让学生先出牌，其他要求同上，比赛过程4－6，7－9，10－3，这样老师又赢得了比赛。)
师：牌小也会赢，是王老师运气好吗?
生：不是吧！
师：这是因为老师掌握了这个游戏取胜的“最佳对策”。
(板书课题：最佳对策)
师：大家想不想掌握这种取胜的法宝?咱们一起来探究好不好?
生：好！
二、合作交流，探究新知
(一) 探究活动一
(课件展示活动要求)
师：假如我是红方，我的三张牌是10，7，4，出牌时先出10，再出7，后出4，出牌顺序不变。
师：同学们是黑方，你们的三张牌是9，6，3。你们一共有多少种不同的出牌顺序与红方比大小?试把它们都找出来，并判断每种策略的获胜者。
师：把黑方获胜的策略圈起来，思考获胜的策略有什么高明的地方?
</td>
<td>
将抽象数学知识变换成有趣的数学游戏融入数学课堂教学，使得学生在游戏中自然掌握知识，达到了寓教于乐、在玩中学的效果。
</td>
</tr>
</table>

续表

[四人为一组进行探究，教师巡视、观察、指导，完成表格（一）。]

表格（一）

	第一局	第二局	第三局	获胜方
红方	10	7	4	
黑方				
黑方				
黑方				
……				

（找填得最快的一组把方案填到黑板上。）

师：请交流结束的同学坐好，我们一块儿分享一下别人智慧的成果。黑板上这组同学是全班最先完成的。

师：想一想，这一组为什么填得快，有什么窍门吗？

生 1：写得有顺序，先让 3 开头，有两种；再让 6 开头，有两种；最后 9 开头，有两种。

师：说得真好！看来你很善于观察和思考！具有数学家的潜质啊！这样写有什么好处？

生 2：有序思考不重不漏。

师：说得太好了！请大家把掌声送给他。因此，我们可以确定黑方一共有多少种不同的出牌顺序与红方比大小呢？

生：一共 6 种。

师：是的，这样我们的表格就完成了。观察比赛结果，你发现了什么？

生 3：黑方赢的次数少，红方赢的次数多。

师：少到了几次？

生 3：只有一次。

师：就只有一次啊！那这种方法可够高明的啊！谁能说说它到底高明在哪？

生 4：用最小的对对方最大的，用最大的对对方中的，用中的对对方最小的，这样输一局赢两局，取得胜利。

师：你很善于观察分析，表达也很清晰！相信你的数学一定学得很棒！

师：谁能说说用最小的牌对对方最大的牌有什么妙处？

生 1：用小牌对对方的大牌，可以留下我们的大牌对付对方的中牌，这样就能赢了。

生 2：这样就能消耗对方的大牌，让他们的大牌浪费掉。

师：你们的意思是人家的牌“大材小用”了，而我们的牌就是？

生：“小材大用”。

师：我们可以概括为“以弱牵强”。

[板书：最小—最大（以弱牵强）]

续表

（二）探究活动二 师：现在同学们已经找到了获胜的“法宝”，咱们再“PK”一次，老师拿大牌是红方，你们拿小牌是黑方，敢不敢比一比？ 生：敢！ （按座位把全班分为两大组，每组找一位代言人上台与老师比试，本组其他成员为军师，另一组当裁判，老师赢举左手，学生赢举右手。） ◆第一次比试 （从第一组中邀请一位同学上台比试，第一组的其他同学当军师，第二组同学当裁判。） （现场师生用扑克牌比赛） 师：我出10。（举起扑克牌10） 生1：我出2。（举起扑克牌2） 裁判：王老师赢。（举起左手） 师：我出7。（举起扑克牌7） 生1：我出9。（举起扑克牌9） 裁判：生1赢。（举起右手） 师：我出4。（举起扑克牌4） 生1：我出7。（举起扑克牌7） 裁判：生1赢。（举起右手） 师：最终谁获胜？ （台下，第一组欢呼：我们赢了！） ◆第二次比试 （第二组代表上台与老师比试，第二组其他同学为军师，第一组同学为裁判。） （课件展示可用的牌，现场师生用扑克牌比赛） 	本环节创设了一个师生共同游戏的情境，满足了学生“好动”“好胜”“娱乐”的心理，激发了学习兴趣，正如德国心理学家艾宾浩斯所说，知识的保持和复现，在很大程度上依赖于有关的心理活动第一次出现时注意和兴趣的强度。通过与第一个环节中牌大一方三局三胜做对比，强烈激发学生的探究欲望：“为什么牌小的总是赢，到底有什么好方法？”将抽象的数学知识创编成数学游戏融入课堂教学。

续表

师：哈哈，这次同学们的牌好像变小了，还能赢吗？

生：能！（信心十足的样子）

师：我出7。（举起扑克牌7）

生2：我出1。（举起扑克牌1）

（台下军师纷纷举起手，向代表做手势。）

师：台下军师有意见啊，你想听听吗？

生2：想！

师：请位军师起来发言吧！

军师：你不能出1，因为老师这次出的不是最大的牌，你应该出8，赢1局，等老师出最大的10时，你再出1。

师：你接受他的建议吗？

生2：接受。

师：那老师给你一次重新出牌的机会。

生2：我出8。（举起扑克牌8）

裁判：生2赢。（举起右手）

师：我出4。（举起扑克牌4）

生2：（思考片刻，看看军师的手势。）我出6。（举起扑克牌6）

裁判：生2赢。（举起右手）

师：我出10。（举起扑克牌10）

生2：我出1。（举起扑克牌1）（露出微笑）

裁判：王老师赢。（举起左手）

师：这一次比试谁赢了？

裁判：生2赢。（举起右手）

师：二组在军师的帮助下也赢了啊！我又输了！

（老师表情沮丧，学生露出得意的神态。）

	第一局	第二局	第三局	获胜方
红方	7	4	10	黑方
黑方	8	6	1	

◆第三次比试

（这次与男生比试，邀请一人上台当代表，其他男生为军师，女生当裁判。）

（课件展示可用的牌，现场师生用扑克牌比赛。）

让学生经历知识形成的过程。动手实践、自主探索、合作交流等是学习数学的重要方式。教学活动应注重启发性，激发学生学习兴趣，引发学生积极思考，鼓励学生质疑问难，引导学生在真实情景中发现问题和提出问题，利用观察、猜测、实验、计算、推理、验证、数据分析、直观想象等方法分析问题和解决问题；促进学生理解和掌握数学的基础知识和基本技能，体会和运用数学的思想与方法，获得数学的基本活动经验；培养学生良好的学习习惯，形成积极的情感、态度和价值观，逐步提高核心素养。

续表

师：哈哈，这次你们的牌，变得更小了，还能赢吗？

生：能！

师：还能赢？

生：能！（声音减少了）

师：你们的牌是？

生：1、2、3。

师：能赢吗？

（学生中出现分歧，有的说能，有的说不能。）

师：我找一位说能赢的同学上来试试吧！

师：我出 4。（举起扑克牌 4）

生 3：我出……（开始犹豫）

师：怎么了？

生 3：我的牌太小了，赢不了！

师：我们的法宝失灵了吗？

师：想一想，如果要保证牌小的一方在比赛中有机会获胜，那最小的三张牌可以是什么？

[同桌交流，完成表格（二）。]

表格（二）

	第一局	第二局	第三局	获胜方
红方	10	7	4	
黑方				

（学生汇报交流结果，课件展示探究结果。）

探究出的法宝是否有效？学生都想试一试。通过这个环节，学生体会到了自己探究出来的策略价值，感受到了成功，进一步增强了学习的兴趣。学生在游戏中掌握了知识，实现了在玩中学的目的。

续表

师：通过这次探究活动，你认为黑方要想取胜，除了以最小的牌对对方最大的牌外，还要具备什么条件？ 生：还要有2张大于对方的牌。 （板书：要有2张大于对方的牌） 师：这样有什么作用？ 生：能赢两局。 （板书：保证两胜） 师：这样的秘密也被你们发现了，你们真能干！ （三）探究活动三 师：现在，同学们已经掌握了两个秘密武器，一定能在游戏中取胜了吧！我们继续“PK”。 （老师代表红方：10，7，4，女生代表黑方：1，8，5，邀请一位女生上台与老师比试，其他女生为军师，男生为裁判。） 师：你先出牌吧！ 生1：我出1。（举起扑克牌1） 师：我出4。（举起扑克牌4） 裁判：王老师赢。（举起左手） 生1：我出8。（举起扑克牌8） 师：我出10。（举起扑克牌10） 裁判：王老师赢。（举起左手） 生1：我出5。（举起扑克牌5） 师：我出7。（举起扑克牌7） 裁判：王老师赢。（举起左手） 师：军师一直举手，有问题吗？ 生2：必须老师先出。 师：为什么？ 生2：只有知道你出什么，我们才能采取对策。 师：也就是说作为牌小的一方，我们要取胜，除了上面两个条件，还要有什么条件？ 生3：必须后出牌。 （板书：必须后出牌） 师：也可以说“后发制人”。 （板书：后发制人）	荷兰数学家弗赖登塔尔说过，泄漏一个可以由学生自己发现的秘密，那是坏的教学法，甚至是罪恶。所以为了让学生自己去发现，老师和学生又进行了一次比试，牌没变，为什么却输了？通过这一过程让学生自己去经历，发现后出牌的优势，这样学生就能在轻松的游戏中，自己建构知识了。

续表

<table>
<tr>
<td>
师：只要满足了这三条，我们就能在实力稍逊的情况下，以弱胜强。
（板书：实力稍逊，以弱胜强）
三、田忌赛马，体验对策
师：早在2000多年前，这个对策就被孙膑用过了，下面我们就一起来欣赏田忌赛马的故事。
（课件播放动画故事《田忌赛马》）
师：孙膑用了什么对策帮田忌战胜了齐王呢？
（生口答对策，课件展示。）
<table>
<tr><th></th><th>齐王</th><th>田忌</th><th>本场胜者</th></tr>
<tr><td>第一场</td><td>上等马</td><td>下等马</td><td>齐王</td></tr>
<tr><td>第二场</td><td>中等马</td><td>上等马</td><td>田忌</td></tr>
<tr><td>第三场</td><td>下等马</td><td>中等马</td><td>田忌</td></tr>
</table>
师：最终田忌三局两胜赢得比赛。同学们真了不起，你们现在可以当军师了，因为孙膑也是这么想的。
师：想一想，玩牌游戏中的“最佳对策”与“田忌赛马”对策的原理一样吗？
生：一样。
师：后人就把这种调换顺序从而以弱胜强的对策，叫“田忌赛马”。
四、联系实际，巩固提升
师：现在对策问题已经发展成为一门学科。请一位同学为大家介绍一下。（课件展示知识广角）
生读：对策论又称“博弈论”。到现在为止，对策论已由最初对桥牌、棋艺的研究转到对体育比赛、经济、军事、心理等领域的广泛应用。
师：同学们，“田忌赛马”的对策，在实际生活中还有哪些地方可以应用？
（生答）
</td>
<td>
通过刚才的游戏进行探究交流，学生已经初步建立了模型。这个环节是加深学生理解、巩固“用模”、形成整体概念，同时也是回归课本例题，让学生从数学的角度来理解“田忌赛马”的事例，初步体会优化思想的过程。
奥运比赛这样重要的赛事有可能会因为排兵布阵的失误造成严重的后果，让学生对此进行了解，可以再次让学生感受“田忌赛马”在实际比赛中的优势，增强应用的意识。将数学知识前后关联，介绍对策论知识，让学生在广阔的知识背景下来理解“田忌赛马”和所学知识，给学生进一步学习的空间。
</td>
</tr>
</table>

续表

师：在进行一些团体比赛时，常常会用到这一对策。在2008年的奥运会上，就上演了这样的一幕，请一位同学像广播员一样为大家报道一下。（课件出示） 生读：2008年8月16日，近藤巧用“田忌赛马”，赢得北京奥运会乒乓球女团铜牌附加赛。 日本队3号种子选手福冈对战对手1号和2号种子选手，两场单打输2场，日本队2号种子选手平野出战一场单打和一场双打，赢2场，日本队1号种子选手福原爱出战一场双打和一场单打，赢1场。 师：3号种子选手是最弱的还是最强的？ 生1：最弱的。 师：3号种子选手的使用运用了对策中的哪一条？ 生2：以弱牵强。 师：这样就保证了后面三场比赛的胜利，赢得了比赛。非常遗憾的是，被打败的是实力较强的中国香港队，由于排兵布阵的失误，他们输了比赛。 （生表现出难过的表情） **五、回顾反思，凝练总结** （师对本节课内容回顾、总结） **六、拓展提升，体会多样** 师：是不是只有这一种对策？下面我们来做个取苹果的游戏好吗？（课件展示） 生读：游戏规则如下，这里有10个苹果，两人交替拿苹果，每次只能拿1个或2个，拿到最后一个苹果的人将是胜利者。 师：希望同学们课下像数学家那样去探究一下好吗？相信大家一定行！ 师：同学们，解决问题的策略是多样的，而最佳对策往往能达到事半功倍的效果，希望同学们都能做生活中的有心人，自觉利用所学知识，创造更加美好的生活！谢谢！	古希腊思想家毕达哥拉斯曾说过，在数学的天地里，重要的不是我们知道什么，而是我们怎么知道什么。通过师生的交流，完成知识的梳理与深化，通过回顾探究知识的过程，概括了获得知识所用的数学方法——枚举法。 通过拓展游戏，让学生感受到对策不止有一种，不同的问题要采取不同的对策。体会对策的多样性，能够将数学知识渗透到生活的各个方面。拓展游戏能够激发起学生新的探究热潮，提升学生的学习兴趣，给学生课下留出足够的思考探究空间。

表 5-5 是项目组老师执教人教版《数学》二年级上册的精彩课例《探秘身体尺》展示。

表 5-5 《探秘“身体尺”》教学案例

课题：探秘“身体尺”
课程标准与教材分析： 本课时的教学内容在《义务教育数学课程标准（2022 年版）》中隶属于“综合与实践”，要求学生运用学过的测量长度的知识，发现自己身体上的一些“长度”；利用这些“长度”作为单位，测量空间或其他物体，积累测量经验，发展量感。能运用测量长度的知识，了解身体上的一些“长度”，能用身体上这些“长度”测量教室以及身边某些物体的长度；能记录测量的结果，能与他人交流、分享测量的经验，发展量感。学生对测量的学习不应停留在对标准测量单位的认识上，还应了解非标准测量单位，能根据实际需求选择或创造合适的单位，能进行合理估测。应从长度测量的学习开始，通过主题活动，帮助学生逐步在具体测量活动中加深对度量思想的体会。
学情分析： 学生在本学期的第一单元已经认识了长度单位，形成了 1 厘米和 1 米的长度表象，完成了对厘米和米的认识。因此，本节课的定位就不能仅满足于通过测量加深学生对米和厘米这两个长度单位的认识上。通过本节课的教学，加深学生对厘米和米的认识，注重让学生结合生活实际，经历实际测量物体长度的过程，认识身边物体的长度，并在实践活动中，能够用比较合适的方式描述物体的长度，体会测量本质，培养估测能力，构建不同物体之间的长度关系，发展学生的长度观念，体验数学带来的乐趣。
学习目标： 1. 加深学生对厘米和米的认识，巩固用尺子量物体长度、高度的方法。 2. 通过测量自己和身边物品的长度、高度等实际活动，对所测对象形成清晰的表象，为以后估计、认识其他物品的长度提供更多的参考标准，进一步建立长度观念。 3. 体会测量的实质，能选择合适的标准（“单位”），用多种不同的方式表示物品的长度或高度，增强对“量”的实际意义的理解，同时初步培养学生的估测能力、长度观念和数感。 4. 在活动中体会合作、交流和表征方式多样性的乐趣，认识到数学与生活的联系，并愿意用所学的知识解决实际问题。

续表

教学过程	数学文化融入分析
一、课前游戏 师：同学们，喜欢玩游戏吗？ 生：喜欢。 师：那老师要和大家玩一个课前小游戏“你比我猜”。（游戏规则由PPT出示）哪组同桌来挑战？ 师：对答如流，掌握得真不错，请回。现在我们开始上课。上课！	数学游戏，激发学生的学习兴趣。
二、探究活动 1. 复习旧知 师：课下同学们分组拓展、梳理了身体尺，现在通过一个微视频来回顾一下。这节课我们继续探秘身体尺。	通过微视频的形式，复习已有的身体尺知识，直观高效。
2. 测量身体尺（活动一） 师：在古代没有尺子，身体尺就能帮助我们解决问题。比如做衣服可以用拃量，测量土地可以用步量。请选择感兴趣的身体尺进行测量，并把测量的结果记录在任务单上。拿出探究任务单一，同桌为一组，开始吧！ 生：收集，一起展示。 师：在以上小组的汇报中，你觉得最大的亮点是什么？ 师：通过各小组的测量，肩宽、步长、庹、拃、手掌宽大约是？（板书）请同学们边读边比画一下长短。现在闭上眼睛，老师读，学生想象。	小组合作、实地测量，借助动作演示、想象等方式感受更深刻、全面。
3. 用身体尺测量（活动二） 师：通过刚才的汇报，我们对一些身体尺的长度有了更加准确的认识，可生活中还有很多物品，有时很难有直观的了解，也不方便直接测量，能不能试着用刚刚的测量成果来表示呢？ PPT出示“一辆卡车长6米”。 师：听了这句话，你对这辆卡车的长度有什么感觉？ 生：几个同学回答（师引导：估一估比教室的宽度长还是短?） 师：同学们都认为这辆卡车很长，到底有多长呢？谁能到前面来借助身体尺表示表示？	利用学生不熟悉的物体，使学生充分感受身体尺的必要性与灵活性，体现活动的价值。

续表

教学过程	数学文化融入分析
预设生最多展示一庹。 师：够6米吗？ 生：不够。 师：这位同学已经完全展开双臂了，怎么还不是6米呢？谁能帮帮他？ 生：经讨论，决定让5名同学手拉手试试，另外2名同学用卷尺测量，看看是否大约是6米。 师：看到5位同学手拉手的总长度，大家对这辆卡车的长度有感觉了吗？ 生：有。 师：谁能描述一下这辆卡车到底有多长？ 师：看来20名同学并肩站着的长度和卡车的长度差不多，大约是6米。 4. 小组合作用身体尺测量（活动三） 师：利用我们刚才表示事物长度的方法，选择合适的身体尺作为标准，表示出下列物品，小组合作，完成探究任务单二。 可以先估一估，再实际比一比，量一量。 5. 总结规律 师：观察这2个小组的测量结果，你有什么发现？ 预设生1：同样的物品，所选身体尺不同，量出的结果不同。 预设生2：同样的物品，所选身体尺相同，测量结果也会不同。 师：不同的测量标准，测量的结果不同。用身体尺描述物体长度会产生很多麻烦，所以，统一长度单位很重要，厘米和米应运而生。（微视频介绍国际单位“米”的由来） 师总结：身体尺是我们的好帮手，但用尺子测量更加准确，我们要灵活选择。 **三、拓展延伸** 师：同学们，关于身体尺，其实还有很多典故呢。听说有的同学通过查阅、积累资料，也有一些收获。下面哪位同学来做代表展示？ 生：4位代表。	借助身体出表示其他物品的长度或高度，发展长度观念。 学生通过小组合作，测量身边的事物，认识身体尺的长度，在头脑中形成所测量事物长短、高矮的表象。 学生通过从对卡车长度的直观感觉到多角度表示，将抽象的长度与自己熟悉的事物长度联系起来，既在应用中进一步加深了对所选物体长度的认识，又达到了对实际意义的理解，积累了测量、表示、长度等多方面的经验，为后面的实践活动积累了活动经验。

续表

教学过程	数学文化融入分析
四、总结提升 师：同学们，今天我们进行了一些有趣的测量活动，学会了用自己的身体尺来表示生活中的事物。那同学们有什么收获想和大家分享呢？ 师：陈老师从咱们同学身上学到了很多，不只是知识的积累，还有对未知的好奇，更有大家合作探究的热情。课下同学们可以走出教室、走出学校、走向生活继续测量，并用数学小报或者数学日记等形式记录自己的收获吧！下课。	在多种实践活动中，加深学生对测量本质的体验，同时培养学生的估测能力，初步建立长度观念。 总结提升，激发学生的学习兴趣，使其延伸到生活中！

第六章　数学文化课程校园实践活动设计

数学文化课程的校园实践活动是非常有必要的，它是课内教学活动的后延，是推动学生自主探索、合作交流的最佳活动形式之一，为培养学生的数学核心素养提供了重要的抓手和更多的依据。丰富多样的数学文化校园活动培养了学生的数学实践能力，丰富了学生的校园生活；可以让学生拥有更多获取信息的渠道，开阔视野，拓宽数学知识面；可以帮助学生养成自主探索、自主学习的好习惯，提高学生的数学学习兴趣，培养学生的创造性和独立性。

第一节　教师活动设计

一、数学文化课堂展示

（一）“每人一节课”中的数学文化

为了进一步提高教师的专业素养和教学能力，夯实教师驾驭课堂教学的基本功，为教师搭建实践数学文化教学理念、锻炼自己、展示才干、交流学习的平台，洪家楼小学每学期都开展“每人一节课”展示教学活动，在教学中植入数学文化。将数学文化带入课堂，让数学充满人文价值，真正激发学生学习数学的兴趣，才能让学生更好地理解学数学的意义。为了实现让学生学数学、爱数学的目标，课堂上，教师们根据学生年龄特点，寓教于乐，让学生在轻松愉快的氛围中完成学习任务。同时充分展示教师对教材中数学文化的精准把握和对课堂的有效调控，展示了教师深厚的教学功底。

马老师带领二年级 4 班的孩子们探寻了乘号的秘密，通过一个个神秘的故事，揭开了乘号的神秘面纱，让孩子们感受到数学文化的魅力。齐老师教学《人民币的认识》一课，不仅教授了学生如何使用人民币，还给学生拓展了人民币的发展历史，从 20 世纪 40 年代至今，人民币的样式不断地发展更新，直到变成现在我们使用的第五套人民币，移动支付的出现使得支付更加便利。杜老师通过《创意图案设计》一课，引导学生发挥自己的想象力、创造力，运用几何图形设计密铺图案，将数学知识与艺术融合得出神入化，让孩子们感受到创造数学美所带来的乐趣，体会数学在生活中的价值。人类算数采用“十进制计数法”，现在看来似乎是件极其自然的事，但实际情况并不尽然。在《十进制》的课堂中，陈老师让孩子们认识到了真正的计数体系，也了解了十进制计数法的来历。

数学文化课的开展，将进一步创建良好的数学人文环境，让每一个孩子都接受数学文化的熏陶，增强学好数学的信心，在数学魅力的感染下，自觉掀起爱数学、学数学、用数学的热潮，从而全面提高孩子们的数学文化素养。

“每人一节课”课后，全体听课老师会开展评课议课工作，既肯定教师教学中数学文化呈现的优点，又指出教学设计中存在的不足，为老师们如何更好地进行数学文化教学提出宝贵的修改意见和建议。每学期的“每人一节课”活动，促进了数学教师间对于数学文化的交流，达到了共同学习、探讨、成长、进步的目的，为以后的课堂教学融入数学文化积累了宝贵的教学经验。

（二）数学文化优质课大赛

第九次小学数学高端论坛暨第三届全国小学数学文化优质课大赛选拔赛在洪家楼小学举行，山东省课程中心主任、中国教育学会山东站主任、历城区教育局党委委员和副调研员、历城区教研中心主任、天桥区教研室主任、校长和来自全省各地市的参赛选手、骨干教师一起参加了活动。比赛中，9 名参赛选手各自呈现了特色鲜明的课堂教学与说课技巧，展示了各自的教学风格，他们精于导入，巧妙引导，适时点拨，驾驭课堂能力超强；在讲授中，数学思想的渗透、数学文化的辐射、数学思维的拓展，都在师生互动、生生互动中得到了很好的体现；课堂教学活而有序，教学激情感染力强，教学智慧处处闪光，实现了信息技术与数学教学的深度融合，充分发挥了学生的自主探究能力，使学生体会数学在生活、生产中的地位与作用，体验数学带来的帮助与乐趣，让数学课堂展现出数学王国之美（教师展示见图 6-1、图 6-2）。

图 6-1　洪家楼小学张老师优质课展示

图 6-2　洪家楼小学王老师优质课展示

在杭州举行的“第四届全国小学数学文化优质课大赛暨课堂教学观摩研讨会”上，王静副校长通过省市评比选拔，代表山东参赛。经过专家现场评分，王静副校长执教的课例《学画“思维导图”》被评定为全国优质课一等奖（见图 6-3），数学组李老师获课件评比一等奖。这是洪家楼小学数学课程改革结出的又一重要硕果。

图 6-3　王静副校长（前排左一）《学画“思维导图”》被评定为全国优质课一等奖

（三）数学文化融入小学数学名师送教送研活动

为展示洪家楼小学数学文化实验校的研究成果，洪家楼小学联合洪楼片区开展洪家楼小学“数学文化融入小学数学教学实践研究”暨小学数学洪楼片区网约名师送教送研活动（见图 6-4）。

首先，来自洪家楼小学王静名师工作室的李老师执教研讨课《分数的意义》，整堂课生动有趣，学生兴趣盎然，在不经意间，学生建立了“数感”，理解了“分数的意义”。整个新授过程，李老师扎实高效地推进教学，不断通过数学问题对学生进行引导，体现了学生是学习的主体。李老师设计了精练、适当的习题，由易到难，由浅入深，让学生在不同程度上有了新的提高。李老师的数学课堂是一个充满灵性的课堂，整节课轻松、流畅。小组探究，激发了学生的求知欲；具体的游戏，将抽象变为直观。李老师组织的教学结构紧凑，实施过程层层推进，上得扎实有效（见图 6-5）。

图 6-4　名师送教送研活动

图 6-5　李老师执教《分数的意义》

课后，洪家楼小学王静副校长做了《数学文化融入小学数学教学实践研究的几点思考》主题报告，报告从什么是数学文化，数学文化融入教学的教育价值，数学文化融入教学的方式、路径展开，并结合老师课例进行了细致的点评与分析（见图 6-6）。研讨会后，教师们合影（见图 6-7）。

图 6-6　王静副校长做主题报告

图 6-7　名师送教送研活动合影

二、数学文化教学设计比赛

将数学文化融入教学设计是数学文化课堂教学的基础，优秀的教学设计可以为教学锦上添花，起到事半功倍的效果。以下是洪家楼小学开展数学青年教师教学设计大赛的内容和要求。

教学设计内容：由教导处统一命题。

教学设计要求：

1. 内容完整，包括教材分析、教学目标、教学重难点、教学过程、板书设计。

2. 体现“双减”教学模式和数学文化，采用符合实际学情的教学方式与方法，自主创新、注重实效。

3. 参赛教师在一个小时之内现场编写一个完整的教学设计。

活动现场，教师只带笔、尺等文具参赛。每位教师认真独立钻研教材，精心撰写教学设计，在规定的时间内完成撰写任务。教师们设计的教学方案呈现了结构完整、教学目标明确的特点，在教学活动、教学环节设计、教学手段运用等方面各有千秋，展示了自己的教学设计综合水平。

比赛结束后，骨干教师们对参赛设计予以点评，对青年教师们教学设计的课程依据，教材的关注与理解，教学重、难点及目标的确定等方面予以肯定，为他们提出了鞭辟入里的建议。评委们的点评让知识点有真实的“生长点”，让青年教师们更加明确如何深刻落实数学文化，让“教”与“学”水乳交融。随后经过一系列公平、公正的评比，评选出教学设计优秀者进行颁奖。

三、数学文化说课、课件及微课比赛

洪家楼小学重视数学文化在数学教学中的渗透，通过不同渠道、不同方式培养学生的数学文化素养。为了让全体数学教师更深入研究数学文化教学，营造数学文化研讨氛围，学校举办了数学文化说课、课件及微课竞赛活动。

比赛开始，各个教师精神饱满，充分展现了自己的风采。比赛中，参赛教师都利用了多媒体进行说课，并对自己的教法学法、教学过程等做了充分展示。教师们各有其说课特点：或是条理清晰，或是简洁精炼，或是语言生动，或是声情并茂。教师们对教材分析精辟、透彻，设计意图明确，教学思路清晰，重难点定位准确，做到了既突出理论又具有可操作性。

说课、课件及微课比赛，既是对数学教师专业水平的一次检验，同时也为数学文化的深入研究提供了很好的平台，助推学校数学文化研讨走得更深、更实（见图 6-8 至图 6-11）。

图 6-8　老师们听课

图 6-9　王静副校长讲评

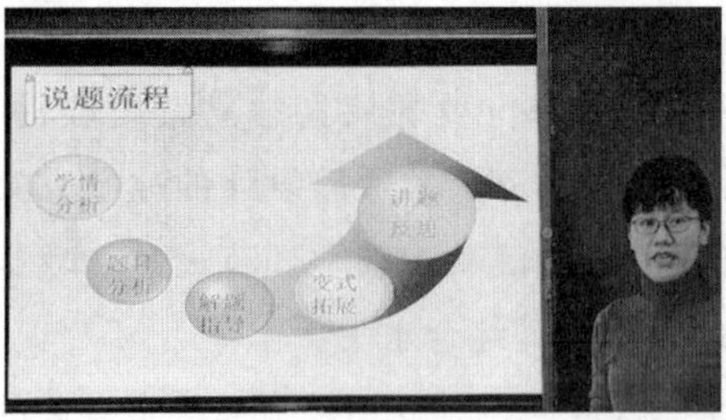

图 6-10　杜老师说课

图 6-11　齐老师说课

四、开展数学文化教研活动

“教而不研则浅，研而有悟则进。”随着课程改革的不断推进，数学课堂教学对数学文化关注越来越多。数学文化具有丰富的教育价值，它既能激发学生的学习兴趣，又能通过展示中华民族数学文化的悠久历史，增强学生的民族自豪感和自信心。数学文化和语言文字一样，是人类交流思想、感情的重要工具，也是培养人类思维能力以及树立科学精神的阶梯。让数学文化从历史知识形态走向教学形态，能够开阔学生思路、增长学生见识、发展学生核心素养。洪家楼小学数学组多次举行了“数学文化”主题教研活动，全体数学教师及时到会，认真学习（见图 6-12）。

图 6-12　数学文化教研活动

（一）整理教材中的数学文化

小学数学教材中的文化信息隐含在教材的字里行间，通过承载数学化术语的文本渗透出来，体现了数学文化的深入性、思考性和可挖掘性。为了更好地把握教材、研究教材，更加深入地开展数学文化课题研究，在教研过程中，老师们对人教版小学数学 1～6 年级教材中的数学文化内容进行了梳理和分析。老师们深入挖掘教材中蕴含的数学文化，通过微课形式呈现数学之美、数学之趣及数学之情。

（二）数学文化读书交流活动

“立身以立学为先，立学以读书为本。”在当下学习型社会，作为探究数学文化的教师，无论是在精神成长方面还是专业发展方面，都需要高品质阅读的滋养，都需要教育专著的引领。

洪家楼小学全体数学教师利用工作之余亲近经典，阅读数学文化专著。在教研活动中，老师们在组内交流分享，再推选优秀老师到校外进行交流。老师们畅谈读书的所思所感，分享著作中涉及数学文化的丰富多彩的内容。李老师分享了《古今数学思想》① 一书，该书涉及数学历史的发展与变迁，处处渗透数学文化的思想。看似简单的数学概念，其实是经过了千百万年历史长河的争辩与更新才定型的。这本书不仅可以拓宽教学思路，同时还能提高自身的数学素养。齐老师分享了《我就是数学》② 一书的第一辑，作者教授给孩子们的，不再是单纯的数学知识，而是整个数学文化。作者不仅引领着孩子们去探寻真切的数学生活，更借助数学帮助孩子们领悟生活的真谛。华老师“善待差错”“感谢差错”的话语给人深刻启发。有容乃大，学会包容，错误对于教师也是一种帮助和提醒。老师“活”起来，课堂才会“活”起来，才能充满生命力。对孩子“不同”的疑问，华老师总是充满好奇。每当课堂上只有一种答案的时候，华老师就会不断地去询问：“还有没有其他想法？”他说：“我一般会预设这个问题还有着哪些答案，有时候我只是给孩子提供一个思维的空间，你会发现孩子的想法丰富且独特。”（读书活动合影见图 6-13）

图 6-13　数学组数学文化读书活动合影

① 参见［美］莫里斯·克莱因：《古今数学思想》第一册，张理京等译，上海科学技术出版社 2002 年版。

② 参见华应龙：《我就是数学》，长江文艺出版社 2019 年版。

五、数学文化培训活动

（一）数学文化教学促进小学生数学核心素养发展培训

为推进山东省基础教育教改重点项目“数学文化教学促进小学生数学核心素养发展的研究”的实施，洪家楼小学全体数学老师参加了山东省小学数学“教研大讲堂”线上培训（见图 6-14）。培训分为数学文化教学研究经验分享和小学数学线上教学与教研活动经验分享两个专题，将数学文化与线上教学相结合，既有理论的引领、前沿的探究，又有实践的总结、案例的展示，为广大一线教师提供了一场学习的饕餮盛宴。在培训过程中，老师们认真做笔记并写下深刻的培训感悟。

图 6-14　“教研大讲堂”线上培训

（二）数学文化的研题讲题培训活动

为了进一步提高济南市小学数学教师的教学能力和专业水平，针对学生在解题过程中存在的共性问题、疑难问题，济南市教研院组织开展了“济南市小学数学基于数学文化的研展示活动”，洪家楼小学全体数学老师参加了此次线上教研活动（见图 6-15）。

本次展示活动是从 1～6 年级教材的练习题（以星号题、“你知道吗?”为主）中选取经典讲题内容，聚焦学生学习的困惑点，关注学情分析和知识之间的前勾后联，体现“四基”“四能”，渗透数学文化，提炼思想方法，为广大一线教师提供利学利教的优质资源。通过本次线上观摩研讨活动，老师们收获丰富。

图 6-15　数学文化的研题讲题培训现场

六、数学文化研讨会

（一）基于数学文化的“数与代数”专题教学研讨会

洪家楼小学的数学老师们积极参与各项数学文化培训活动，在山东省小学数学教研大讲堂——基于数学文化的“数与代数”专题教学研讨会上，数学老师们与全省数学界的专家一起享受了一次精神盛宴。

为期一天半的网上研讨会从课例、评课、专家引领等多个角度展开，老师们收获颇丰。精彩的课例让老师们有种拨开云雾见晴天的感觉；评课更是把课例中数学文化的渗入和数学课程标准紧密联系，既让老师们体会到数学课堂的“数学味”，又融入了“文化性”（见图 6-16）；专家引领更是高屋建瓴、言简意赅却蕴含丰富，值得大家不断深思。

图 6-16　“数与代数”专题教学研讨会现场

三个团队的老师呈现了三年级下册第四单元的三节精彩课例。

在教授《两位数乘两位数（口算）》一课时，梁娟老师引导学生借助点子图，自主探索口算的算理、算法。在交流算理的过程中培养学生的演绎推理能力，在总结提炼算法的过程中培养学生的归纳推理能力。通过播放微课《中国计算能力为什么这么强》，融入“九九乘法口诀与十进制计数法关联”的相关数学史。使学生在了解数学文化的过程中，促进对口算算理的理解和对算法的掌握。

在教授《两位数乘两位数的笔算》一课时，老师借助点子图，让学生自己动手圈一圈，画一画，自己探究两位数乘两位数的计算方法，学习先分后合的数学方法。从算理到抽象出算法，把看不见的思想用直观的点子图表现出来，水到渠成，非常精彩。在数学文化的融入方面，老师介绍了古代的“铺地锦”计算方法，让学生自己去感悟数学算式的简洁美。这节课为学生提供了丰富多彩的实践研究舞台，重视传统数学文化的渗透和分享，强化数学文化意识，使学生了解数学中蕴含的文化底蕴，自然地爱上数学。

教研中心又从数学史、数学与生活、数学与科技、数学与人文艺术等方面，对《两位数乘两位数的笔算》一课中基于数学文化的分析及教学设计进行了汇报。在数学文化中重点介绍数学史中的乘法计算方法，如古代埃及《莱茵德纸草书》中的“倍乘法”，意大利的格子算法（即“铺地锦”）、叠果法，我国台湾地区的视窗法等。

最后，山东省数学文化研究领航人徐主任做总结发言，她分析了数学文化的教学注意事项，让老师们进一步地理解了数学教育不仅仅是数学知识与技能的教育，更是一种数学文化教育。本次活动既有理论的引领，又有课例的展示，让老师们享受了一场文化的饕餮盛宴，收获丰富。老师们纷纷将这份收获诉诸笔端，以下是老师们对此次研讨活动的感悟分享。

王老师：

本次山东省小学数学教研大讲堂活动理论与实践结合，为广大一线教师把数学文化融入数学课堂提供了有效的实施路径与探究方向。在“互联网＋”背景下，我们的教研模式发生了很大的变化。在山东省教科院的大力推动下，我们“山东小数人”已经两次相聚在空中大讲堂。这样的教研活动内容更实，形式更加新颖灵活，效果更好。“互联网＋教研”让老师们足不出户，坐在家中就能聆听专家报告、欣赏名师课例，群内交流碰撞，取长补短。小学数学教研大讲堂，让“山东小数人”有了展示的舞台、交流的空间、学习提高的学堂！齐聚空中大讲堂，促进师生共成长！期盼有更多这种学习机会！

李老师：

生活，丰富多彩；生活，妙趣无穷。生活中的数学知识很多，生活中蕴藏着无穷无尽的教育资源。教师将生活中的教育资源与书本知识两者融通，学生就会感受到书本知识学习的意义和作用，就会感受到数学的魅力所在。

王老师：

在平时教学中，我们不仅要关注对数学知识的安排，还要注意呈现数学知识的产生发展过程，让学生参与发现知识的过程。在教学中，数学知识是学生参与数学活动、进行数学思维和感悟数学思想的载体。也就是说，数学文化的主题式教学要体现学生学习的过程性，数学文化主题对数学活动、数学知识的整合要以贯彻数学思想为目标。

张老师：

数学的文化意义，不仅在于数学知识本身，还在于它的应用价值。从这个角度讲，数学应用教学是数学科学与数学文化的最佳契合点。数学知识一般不是孤立存在的，生活中的数学问题往往是多个数学知识的综合。在课堂教学中，可以把现实生活中遇到的一些数学现象或数学问题作为教学素材，或者将教材中的问题适当拓宽，使之更接近实际，让学生认识到数学与自己有关，与实际生活有关，数学是有用的。

陈老师：

我认识到基于教材内容的数学文化的单元分析研究是提高教师数学素养和专业水平的有效途径。我们理解的数学文化融入数学课堂是教师抓住数学本质、深刻认识数学文化要素，根据学生年龄特点与认知水平对其适切地重构，做到择高而立，深入浅出。

（二）济南市“落实双减、强课提质”教学研讨会

为提高济南市小学数学课堂教学质量，促进数学学科课程与教学改革，发现和推广区域学科教研典型经验，探索小学数学教师团队专业成长路径，济南市小学数学“落实双减、强课提质”教学研讨会隆重举行（见图 6-17）。

图 6-17　“落实双减、强课提质”教学研讨会现场

老师们观看了两节展示课，一节是五年级上册《平行四边形的面积》课，本节课由学生表演的故事《曹冲称象》导入，极大地调动了同学们的积极性，同时渗透了重要的数学思想——转化。另一节是六年级上册《圆的面积》一课，学生在动手操作的过程中，会发现分的份数越多，拼成的图形越接近长方形，因此得出了长方形的面积和圆的面积之间的关系。在团队亮点工作展示阶段，全体与会教师实地观摩了洪家楼小学数学名师工作室、团队工作展板，马老师进行了“数学文化融入教学的实践探索”汇报（见图 6-18），内容如下：

王静名师工作室由来自六所学校的 12 位数学教师组成。工作室以“学习、分享、成长”为宗旨，以“数学文化融入数学教学”为研究主题，致力于数学文化融入教学的实践探索。工作室以网络研修为主要形成，以课堂研究为主要途径，以聚焦课堂教学、引领专业成长为主要目标，发挥集体智慧，引领教师专业发展，发挥工作室在教学及研究上的示范、引领和辐射作用。数学文化主要指数学精神、思想方法、观点、语言以及它们的形成和发展过程，还包含数学史、数学教育、数学发展中的人文成分，以及数学与社会的联系，数学与各种文化的关系等。王静名师工作室在历城区教育和体育局领导下，在区教研中心指导下，将砥砺奋进，用勤奋、敬业、学习共同铺就专业成长之路！

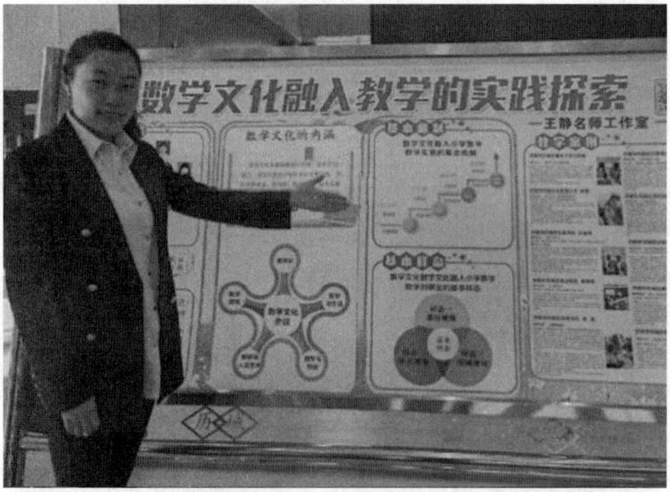

图 6-18　马老师进行“数学文化融入教学的实践探索”汇报

第二节　学生活动设计

一、“慧”玩数学

数学游戏活动，如七巧板、汉诺塔、华容道、数独、速叠杯、魔方等，让学生在玩中学、学中思，既发展了学生的数学思维、数学推理等综合能力，也凸显了数学的魅力，让学生觉得数学很好玩、很神秘，从而有效提升学生的数学学习兴趣。游戏本身不是目的，而是为了鼓励和推动学生参与数学学习，在玩游戏的过程中体会数学精神和数学方法。高深莫测的数学通过小小的玩具展示它的奥秘，学生在玩具中享受数学的乐趣和美妙，在游戏中感悟数学原理，继而激发探索数学的勇气和兴趣。为了让每个孩子体验到数学学习的乐趣，每年 3 月 14 日至 4 月 14 日，洪家楼小学举办数学文化节，开设丰富多彩的数学文化活动，图 6-19 为洪家楼小学第三届数学文化节启动仪式。

图 6-19　第三届数学文化节启动仪式

（一）七巧板

七巧板是一种古老的中国传统智力玩具，顾名思义，是由七块板组成的。这七块板可以拼成许多图形，如三角形、平行四边形、不规则多边形等。七巧板活动不仅可以开发学生的智力，更能激发学生的科学兴趣，锻炼学生的动脑动手能力，启迪学生的创新意识，培养他们的空间想象能力。同时，也能丰富学生的课余生活，让学生养成勤于思考、勇于探索、乐于实践的良好习惯，使学生在愉悦的气氛中受到优良思想品德的熏陶。图 6-20 是洪家楼小学二年级学生在进行七巧板展示。

图 6-20　学生进行七巧板展示

（二）汉诺塔

汉诺塔又称“河内塔”，是一个源于印度古老传说的益智玩具。大梵天创造世界的时候做了三根金刚石柱子，在其中一根柱子上按照从大到小的顺序，从下往上摞着 64 片黄金圆盘。大梵天命令婆罗门把圆盘按同样的大小顺序重新摆放在另一根柱子上，并且规定，在小圆盘上不能放大圆盘，在三根柱子之间一次只能移动一个圆盘。洪家楼小学三年级学生进行了汉诺塔展示，看看谁是真正的汉诺塔高手（见图 6-21）。

图 6-21　学生汉诺塔展示

（三）孔明锁

孔明锁也叫“八卦锁”“鲁班锁”，是中华民族传统的土木建筑固定结合器，也是曾广泛流传于中国民间的智力玩具。孔明锁，不用钉子和绳子，完全靠自身结构的连接支撑，就像一张纸对折一下就能够立得起来，看似简单，却凝结着不平凡的智慧（见图 6-22）。

图 6-22　学生孔明锁展示

（四）华容道

华容道是古老的汉族民间益智游戏，以其变化多端、百玩不厌的特点与魔方、独立钻石棋并称为“智力游戏界的三个不可思议”（见图 6-23）。

图 6-23　学生华容道展示

（五）速叠杯

速叠杯，又称为“飞叠杯”“竞技叠杯”。它是一项比试手速、挑战时间、挑战自己的新兴手部极限运动，风靡全球。“更快、更高、更强——更团结”既是奥林匹克运动的格言，也是速叠杯运动的追求。每一位速叠杯运动选手在叠杯过程中，挑战更高难度，比拼更快速度，不断变强，突破极限，这正是速叠杯竞技运动的精神（见图 6-24）。

图 6-24　学生速叠杯展示

（六）魔方

魔方是由匈牙利建筑学教授、雕塑家和发明家厄尔诺·鲁比克（Erno Rubik）在 1974 年发明的。当时鲁比克教授为了帮助学生认识空间中立方体的组成和结构，自己动手做出了第一个魔方的样子。随着人们研究的深入，魔方的种类越来越多，由三阶魔方发展到了四阶魔方，甚至还出现了十二阶魔方！孩子们在游戏中体验学习数学的乐趣，在思考中感悟，激发学习兴趣，思维拔节成长。孩子们不仅可以在家玩，也可以在学校玩；可以自己玩，也可以和同学一起玩。为了提升魔方游戏的体验感和仪式感，老师们还特地举行了班级赛、年级赛（见图 6-25）。

图 6-25　学生魔方展示

（七）数独

数学节也进行了“奇妙数独”活动。数独是源自 18 世纪瑞士的一种数学游戏，是一种运用纸、笔进行演算的逻辑游戏。数独可以锻炼孩子的观察能力、逻辑推理能力、理解能力、综合分析能力，是一种好玩的、逻辑性强的数字填充游戏。数字的排列组合，一格一数，一数一格，乐趣无穷，亦智慧无边（见图 6-26）。

图 6-26　学生数独展示

（八）数学魔术

好奇心和谜团的吸引力是激励数学家做研究的主要动力。为了同学们学好数学，我们开启“数学魔术”精彩展示，扑克牌、卡片、色子、硬币等都可以成为数学魔术的道具。数学魔术具有很大的魅力，它可以唤醒学生的智慧、触动人的心灵。数学是研究空间形式和数量关系的科学，数学魔术能体现复杂混乱表象之下永恒不变的数学规律。数学魔术可以寓教于玩、寓教于乐，能够恰到好处地融入具体的学习行为中，让学生经历发现、思考、记录、操作、讨论等环节，发掘掌握数学里“变中有不变”的规律（见图 6-27）。

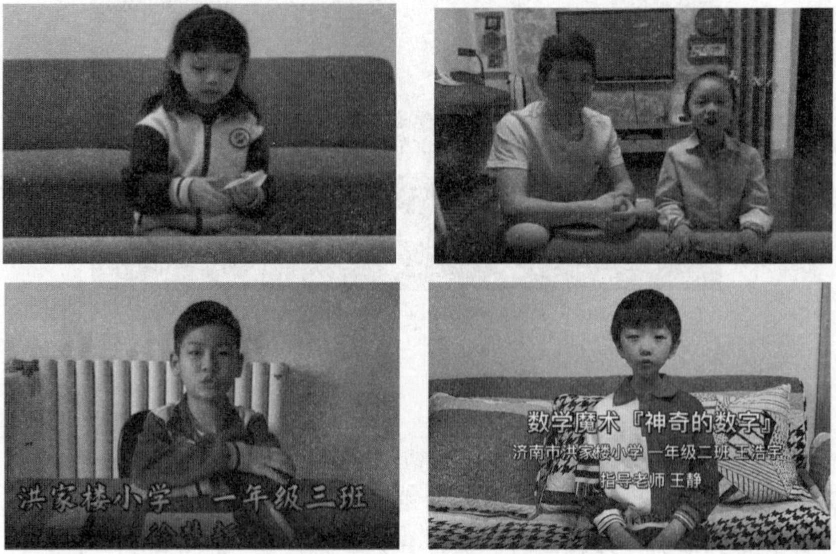

图 6-27　学生数学魔术展示

（1）猜扑克牌：学生从一副扑克牌里随意抽取出 27 张牌，然后把 27 张纸牌按照 1、2、3 竖着放的顺序摆三排，每一排有 9 张牌，让观众心里想定一张纸牌，再让观众选出他选中的扑克牌位于哪一排里。接着，学生按照顺序把观众选中的这一排收起来，再把另外两排依次收起来，收好全部纸牌后，学生按 1、2、3 竖放的顺序再次把这 27 张牌摆成三排，每一排都是 9 张，再让观众把他想的扑克牌在哪一排指出来。重复选三次，然后学生收好所有扑克牌，把最上面的那张纸牌递给观众，而这张纸牌恰好就是观众想的那张（见图 6-28）。

图 6-28　数学魔术《猜扑克牌》

魔术揭秘：道理其实非常简单，收第一次扑克牌后，观众选中的那张扑克牌处于前 9 张扑克牌之中，学生把纸牌又平均分到三排之后，这 9 张纸牌也跟着被分到不同的三排中，而且都位于前三列，后来学生再次收纸牌，观众心中想的那张牌就处于这 27 张扑克牌的前 3 张里了。范围再次缩小，接下来，再次平均分这 27 张牌，这三张扑克牌分别成为三排的“排头兵”。学生再次收 27 张牌时，于是观众最初选的那张纸牌就跑到了第一张的位置上。

(2) 神奇的数字：在五张卡片上分别写上很多数字，如图 6-29 所示：

1	3	5	7	9
11	13	15	17	19
21	23	25	27	29
31				

第一张

2	3	6	7	10
11	14	15	18	19
22	23	26	27	30
31				

第二张

4	5	6	7	12
13	14	15	20	21
22	23	28	29	30
31				

第三张

8	9	10	11	12
13	14	15	24	25
26	27	28	29	30
31				

第四张

16	17	18	19	20
21	22	23	24	25
26	27	28	29	30
31				

第五张

图 6-29　数学魔术“神奇的数字”选数卡

魔术很简单，寻找一位观众，在不让学生看到的情况下，任意写出 1～31 之间的一个数。写完后学生向观众展示这 5 张卡片，让他指出他写的那个数哪几张卡片上有。观众指出来之后，学生很神奇地能够立即告诉大家这位观众写的这个数是几。

魔术揭秘：以上五张卡片的数是有规律的，第一个数分别是 2 的 0 次方、2 的 1 次方、2 的 2 次方、2 的 3 次方、2 的 4 次方。卡片中的数都有一个鲜明特点，就是将某数写成 2 的 n 次方相加的形式（n 可以是 0、1、2、3、4），而对应的第（$n+1$）张卡片里必定有这个数，比如 23 可以写成 $23=1+2+4+16$。因此，23 出现在以 1 开头的第一张卡片中，也出现在以 2 开头的第二张卡片、以 4 开头的第三张卡片和以 16 开头的第五张卡片中，只没有在第四张卡片中出现。

(3) 预言扑克牌：找一副扑克牌，任意找人洗牌，学生接到洗完的扑克牌后，迅速看一下便把纸牌合上，然后把手放在扑克牌上“感应”一会儿，便在纸上写下一个牌点（例如：红桃 3）。接下来，要求观众在 10～19 之间说一个数，比如 14，数出前 14 张扑克牌之后，让观众把他说的这个两位数的十位和个位相加，1＋4＝5，让观众从后面向前面数出 14 张牌中的第 5 张牌，学生把自己写好牌点的纸片翻开，太神奇了！观众手里拿的这一张牌，刚好是学生写在纸上的红桃 3。

魔术揭秘：告诉大家，这个魔术的秘密其实对于大家来说并不难，观众们选哪个数都可以，只要把这个两位数的十位和个位上的数相加，并且从后面往前面数到对应的扑克牌的时候，选出的一定就是这副扑克牌的第 10 张，学生只是需要提前偷偷地看一下第 10 张牌是什么即可，并把牌点写下来。

（九）数学戏剧

华罗庚说：“宇宙之大，粒子之微，火箭之速，化工之巧，地球之变，日用之繁，无处不用数学。”这是对数学与生活的精彩描述。数学源于生活，又服务于生活，数学与生活是密不可分的。数学节来临之际，洪家楼小学的同学们结合所学的知识，大胆创新，利用所学的内容进行改编和创作，自主编写剧本，自主排练，最终三场精彩的数学戏剧诞生了（见图 6-30 至图 6-33）。

图 6-30　数学戏剧《商不变的规律》

图 6-31　数学戏剧《数字的故事》

图 6-32　数学戏剧《形帮数的故事》

图 6-33　数学戏剧展示

（1）商不变的规律：“我是被除数 90”，“我是除数 30”，“我是商 3”。“砰”的一声，90 变成了 9000；又“砰”的一声，除数 30 变成了 3000，商 3 说：“我不变。”“嗖”的一声，被除数 9000 又变成了 9，除数 3000 又变成了

3，商得意扬扬地说："我还是不变。"

（2）数字的故事：欢迎大家来到数字王国，这里生活着许多的数字，每天都在发生着各种各样有趣的故事。听！是谁在哭？是 0 在哭，数字们跑去慰问 0，0 委屈地道来："7 说我太胖了，还一直嘲笑我腰粗，我好难过，我想变瘦。"别的数字出主意让 0 扎根腰带显瘦，结果扎上腰带的 0 变成了 8。9 建议 0 得多运动才能瘦，不能靠扎腰带，说着 9 表演了个翻跟头，传来数字们鼓掌的声音。接着众数字大笑，起来看看，翻完跟头的 9 变成 6 了。通过数学戏剧，同学们获得了快乐，更加了解了数字的特点，加深了记忆。

（3）形帮数的故事：数和形两个大家族住在数学宫里，生活中他们时而争吵，时而相互帮助。这一天，大正方形领着几个小正方形兄弟到数家去做客，刚刚进门，就看见数家里的几个弟弟们愁眉苦脸的，大正方形非常关切地问："发生什么事情了？今天也不出去玩？"数字 3 愁眉苦脸地回答道："形哥，人家现在可犯愁了，你看 $1+3+5+7+8+\cdots+18+19=$ ？一个个地加，再一个个地计算，真是太麻烦了。"数小 7 说："其实这还算好的了，假如让连续 n 个奇数相加求和怎么计算呢？恐怕一辈子也算不出来吧！"大正方形听了摸摸自己的四边，略思索了一会儿说："有好办法了，可以依靠我们形帮助计算你们的数呀。"数字 1 惊异地说："形怎么可能帮助我们求数呢？你就在这吹牛吧！""不信就看！"大正方形自信地说道。大正方形呼唤自己的小正方形兄弟慢慢地站好，几道线划在它们身上，并标注上数字，大正方形说："1 占了 1 个格子，5 占了 5 个格子，只要点一点有几个奇数，然后计算一下我的面积就可以了。"如：$1+3+5+7+9+11=6\times6=36$；$1+3+\cdots+17=9\times9=81$。数小 1 突然明白过来了，大声称赞道："真是太妙了！"

数学戏剧，使原来枯燥高深的数学走进我们的生活，变得更加生动形象。通过在戏剧中扮演角色，学生更能感同身受。

为弘扬数学文化，激发学生学习数学的兴趣，提高学生的数学素养，学校给数学游戏中表现出色的学生给予表彰。图 6-34 的六幅图片是学生们在历届作业展评活动中的表彰情况。

图 6-34　洪家楼小学“慧玩”数学系列探究作业展评表彰

二、“慧”讲数学

（一）故事大王

为更好地落实“双减”政策，激发学生对数学文化、数学史和数学家故事的求知欲，引导学生学会自主学习、探究和发现数学奥秘，学校开展了“数学家故事”主题活动。低年级的学生们用稚嫩的声音、可爱的表情给我们讲述一个个有趣、励志的数学故事（见图 6-35 至图 6-37）。

图 6-35　学生讲数学故事展示

(1) 高斯的故事：在高斯 10 岁的时候，数学老师在课上出了一道难题。老师让他们算一算："1+2+3+4 一直加到 100 等于多少？"说完，不到 1 分钟的时间，自信的小高斯手里举着小石板站起身来说："报告老师，我已经算出来了……"老师走到高斯位置上，只见高斯的小石板上认认真真地写着"5050"，老师非常惊喜。他根本不敢置信，只不过 10 岁的一个孩子，用不到 1 分钟的时间就算出了如此复杂的数学题的正确得数。他自己都算了一个多小时呢，而且是算了三遍才把这道题的得数算对。他怀疑小高斯之前是算过这道题的，就质问小高斯："你算这么快，是怎么算的？"小高斯不紧不慢地回答说："我可不是按照数的次序一个个往上加的，那样太麻烦了。我发现了一头一尾的两个数的和都是一样的，比如 1+100=101，2+99=101，3+98=101，就这样一前一后的数不断相加，我知道一共有 50 个 101，所以就用 101×50，就得到答案 5050 了。"小高斯的解答使老师感到非常震惊，他才恍然大悟自己的计算太麻烦了，他第一次知道竟然有这么好的方法，而且还是跟一个 10 岁的孩子学到的。他看着小高斯，这个穿着破烂不堪的工人的孩子，却具有这样的数学智慧。以后的日子里，老师不断鼓励高斯，并把他推荐给教育部门，帮助他争取免除学费的机会，后来才有了这样一位伟大的数学家。

图 6-36　学生讲《高斯的故事》

图 6-37　学生讲《祖冲之的故事》

(2) 祖冲之的故事：大家都称赞祖冲之是个博学的青年，因为他从小就读了很多书。他非常喜欢研究数学，也很热爱天文历法，经常观测星星、太阳和月亮，还把观测到的情况记录下来。后来他的名气传到了宋孝武帝的耳中，孝武帝派他到“华林学省”工作。这是一个专门研究学术的官署，非常适合他，因为他对做官没有兴趣，而这个职位可以让他更加专心地研究数学和天文。古代的时候，每个朝代都设有研究天文的官职，会依据人们研究天文的经验和结果来制定天文历法。历法在宋朝的时候已经有很大进步，但在祖冲之看来还能够更加精确。他依据自己长期以来观察的结果，自己创编出一部新的历法，也就是“大明历”。这种历法测定出来月亮绕地球环行一周的天数，跟现代科学技术测定的时间相差还不到 1 秒；祖冲之测定出来的每一回归年的天数，跟现代科学技术测定出来的时间仅仅相差了 50 秒，可以看出这精确程度是多么难得。祖冲之在动荡不安的社会环境下坚持自我，孜孜不倦地坚持研究科学，这种精神值得我们去学习。这还不是他最擅长的方面，在数学方面他有更大的成就。古代数学著作《九章算术》就是由祖冲之做了注释，在此基础上他又编写一本《缀术》。圆周率的计算也是他的一项重要成就，经过长期的实践操作和艰苦研究，他得出圆周率的范围在3. 1415926和 3. 1415927 之间，因此祖冲之成为世界上最早把圆周率数值推算到小数点后七位数字的科学家。

（3）陈景润的故事：数学家陈景润大家都非常崇拜。小时候的陈景润经常和哥哥姐姐一起玩捉迷藏的游戏。景润捉迷藏的时候有点独特，他经常手里拿着一本书，藏在一个不容易被别人发现的角落里或者桌椅底下，边全神贯注地看书边等哥哥姐姐来捉他。看书看得太过于投入，他就忘记了在玩捉迷藏，哥哥姐姐也忘记了“捉他”。后来陈景润去上学了，他在学校酷爱数学。老师在课堂上讲题的时候，陈景润总是集中注意力认真听课，课后老师布置的作业陈景润也会认真去完成。陈景润在做题过程中不断思考，解题中他获得了无限乐趣，因此陈景润对于解数学题总是乐此不疲，丝毫不在乎花费了多少时间和精力。陈景润总是不懂就问，他平时沉稳安静，但是只要向老师问问题，他的胆怯和羞涩就不复存在了。他的求教方式有些特别，看到老师从教学楼、走廊走过去，他就紧紧地追上老师，和老师一起走过一段路，边走边问，生怕耽误了老师的时间，这也成为校园里一道靓丽的风景线，同学和老师都为他的好学好问而感动。1979 年，美国普林斯顿一个研究所邀请陈景润去学习，于是，陈景润就有了一段在美国的短期学习经历。美国的物质条件比较优越，在这样的环境里，陈景润依然坚守着自己简朴的生活作风，在外人眼中他每月获得的2000美元可以说比较丰厚了，即使这样，每天中午他还是只吃自己带来的水果和干粮，而不去研究所的餐厅吃饭。就这样，在美国生活的五个月，除去水电费和房租花去一千多美元外，他的伙食费等只花了700美元。回国时，他总共节余了7500美元。这笔钱不是一个小数目，他完全可以买一些高档外国货带回家，但是他没有，而是把这笔钱上交给了国家。别人问他为什么，他说："现在我们的国家还在发展，还有更多值得帮助的人，我不能只顾自己享乐。"

（二）讲题小达人

数道有言，思维可见。如何激发孩子自主学习的动力？采用怎样的方式，才能让学生养成自主学习的习惯？讲题便是一种低门槛、行之有效的兴趣激发方式，是一条将知识内化为能力的更直观的路径。讲题让思考和表达从一种兴趣变成一种习惯。"讲题小达人"活动深受各年级学生的青睐。参赛同学积极准备，提前选择要讲的题目，认真构思讲题流程，精心设计讲题台词，从多个方面展开讲解，讲题时思路清晰、讲解流畅，力求解题过程清晰明了、直观高效。讲题可以提高学生的语言表达能力和思维能力，促使学生深入思考。为了把题讲好，学生就会从不同的角度去思考题目的外延，不断深入挖掘题目的内涵，无形中使学生的探究精神得到培养（见图6-38）。

图 6-38 学生讲题展示

（三）“数”说中国

为讴歌中华民族实现伟大复兴的奋斗历程，继承革命先烈的优良传统，增进广大师生对党的知识的了解，弘扬中华民族的优良传统与美德，洪家楼小学数学学科开展了“‘数’说中国”活动。

同学们从数学史、数学与生活、数学与科技、数学与人文等方面去收集有关数据，综合运用有关数学知识提出问题，从而深刻理解中国共产党成立以来我国在政治、经济、科技、教育、卫生等方面取得的伟大成就。

各班同学踊跃报名，精心准备，本次活动得到了学生家长们的大力支持，同时激励了学生以更大的热情投入到今后的数学学习中去。活动过程中同学们用数学的眼光去观察，用数学的思维去分析，用数学的语言去表达，通过微视频、手抄报等形式“数”说中国近百年的大变革、大成就。

“数”说中国交通：1978 年，中国铁路营业里程只有 5.17 万千米，平均时速不到 40 千米。截至 2017 年底，铁路营业里程达 12.7 万千米，较 1978 年增长 145.6%。其中，高铁 2.5 万千米，占世界高铁总里程的 66.3%。截至 2022 年底，我国铁路营业里程达 15.5 万千米以上，其中高铁超过 4.2 万千米，运营里程高居世界第一。当然，中国在航海、航空领域也取得了辉煌的成就（见图 6-39 至图 6-45）。

图 6-39　“数”说中国铁路

图 6-40 “数”说中国航海

图 6-41 “数”说中国航空

“数”说中国电力：960 万平方千米土地，14 多亿人口，无论是雪域高原还是深山独户，家家户户 24 小时都能保持通电。在世界眼中，中国创造了一个让人惊叹的电力奇迹。

图 6-42 “数”说中国电力

“数”说中国奥运：中国奥运从第一枚金牌的突破到金牌数世界第一，展示了世界体育大国的风范。当运动健儿站在最高领奖台高唱国歌，五星红旗飘扬的时刻，我们总会热泪盈眶，我们为伟大的祖国而骄傲。

图 6-43 “数”说中国奥运

“数”说中国医疗：中华人民共和国成立以来，经过长期努力，我们不仅显著提高了人民健康水平，而且逐步形成一条符合我国国情的医改道路。看病难、看病贵问题得到有效缓解，超过 80％的居民 15 分钟内能够到达最近的医疗点；居民健康水平不断提高，人均预期寿命从新中国成立前的 35 岁左右提高至 2018 年的 77 岁。

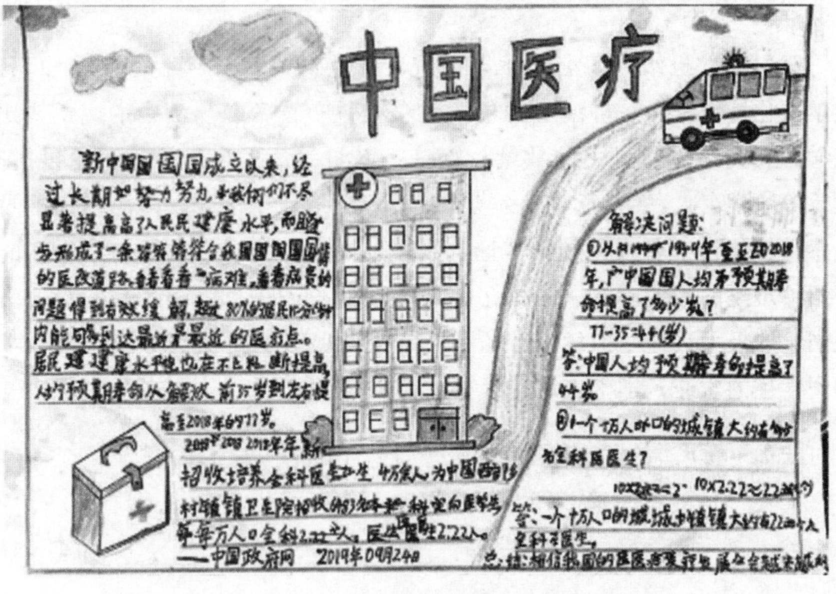

图 6-44　“数”说中国医疗

“数”说中国扶贫：改革开放 40 多年来，中国 7 亿多人摆脱贫困，对世界减贫贡献率超过 70％。2020 年中国脱贫攻坚目标任务完成，提前 10 年实现《联合国 2030 年可持续发展议程》的减贫目标。

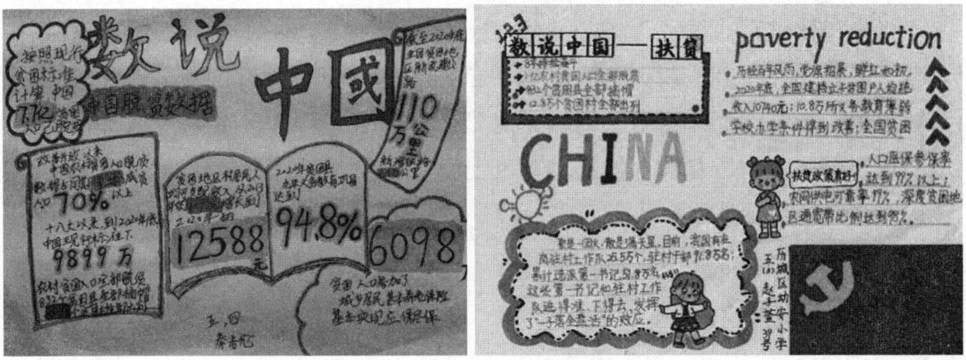

图 6-45　“数”说中国扶贫

本次“‘数’说中国”活动，同学们通过一系列数据真切感受到了中华民族的繁荣昌盛，在调查、研究的过程中感受到数学文化的巨大魅力。数学不仅是一种运算工具，还是一种表达与交流的语言，数学与人类生活和社会发展紧密关联。

（四）数学文化知识讲演

每学期，班级内每名学生至少进行一次课前 2 分钟数学文化知识讲演。数学文化博大精深，讲演主题包括数学在科学技术和生活中的应用，比如建筑学、天文学等学科中的数学，算盘、铜漏、日晷等工具等；还包括高斯、欧拉等数学名人，《九章算术》《周髀算经》等数学著作。学生在课下自己搜集感兴趣的数学名人、数学悖论、数学发展史等知识，在课前以讲演的方式介绍给班里的其他同学。例如五年级的学生演讲的“哥德巴赫猜想”，引起班级同学的极大兴趣，引发了一段研究讨论热潮。用讲演的形式了解数学文化受到学生的欢迎，学生表示有时有意犹未尽的感觉。

三、“慧”画数学

（一）手抄报

办数学手抄报能很好地培养学生学习数学的兴趣，促使学生更好地了解数学史和数学文化，加深学生对数学知识的理解。每学年，全校举办数学文化主题小报展览，各年级分主题办小报，如一年级主题为“图形世界”，二年级为“认识时间”，三年级为“数学游戏”，四年级为“数学与生活”，五、六年级为“数学家的故事”。学生们积极参与，利用课余时间确立主题、查阅资料、规划设计和绘图制作，自己动手创作出了一张张具有文化底蕴、构图新颖、色彩靓丽、个性鲜明、内容丰富的手抄报。每件作品集美术功底、数学知识于一体，闪烁着学生们的思想和智慧，充分展示了学生们对数学的理解以及自我的综合素质和数学素养。数学老师组成评审团，对参赛作品从主题、内容以及版面设计等方面进行了审核，评选出了各种奖项，并对优秀作品进行了展出（见图 6-46 和图 6-47）。

图 6-46　学生手抄报展示

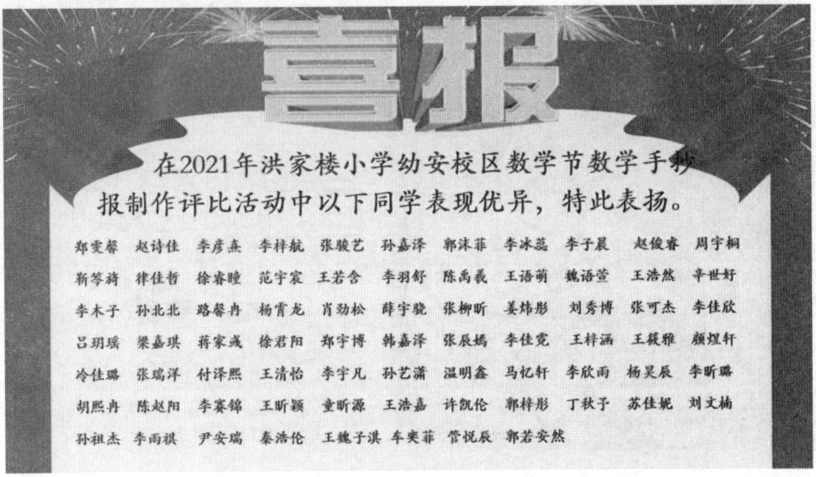

图 6-47　校级手抄报评比喜报

（二）思维导图

思维导图是一个简单、有效、美丽的思维工具。形象直观的图形，可以简化小学生的理解，促进他们的形象思维向逻辑思维快速转变。思维导图是能够表达发散性思维的有效图形思维工具，可以激发孩子们丰富的联想力，形成系统的思维习惯。同学们针对所学数学知识，发挥创意设计能力，制作了许多优秀的思维导图（见图 6-48）。

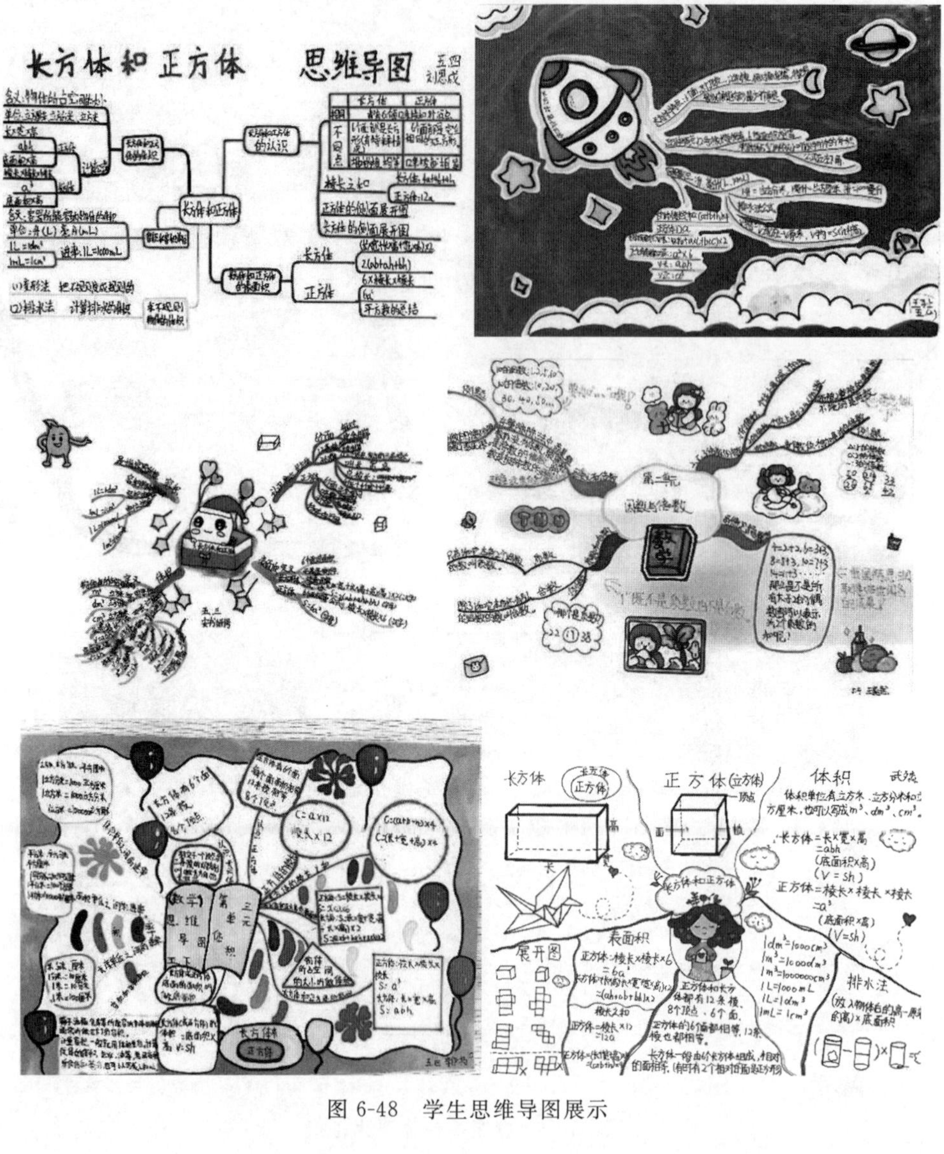

图 6-48　学生思维导图展示

在手抄报和思维导图制作和展览的过程中，学生收获了大量的数学文化知识，感受到数学的人文魅力，孩子们更加了解数学、喜欢数学、走进数学。数学节手抄报展评活动为学生提供了一个展示自我的平台，旨在提高学生的参与意识和动手能力，引导学生了解数学发展史，感受数学魅力，营造爱数学、学数学和钻研数学的校园氛围，拓展学生的数学视野，丰富学生的课余生活。

四、“慧”写数学

（一）数学日记

数学应用在现实生活的各个领域中，对人类的生活和发展起到了至关重要的作用。数学日记就是一座连接生活与数学的桥梁。为此，作为数学老师，我们要引导学生细心观察，慧心发现，恒心记录。培养学生用数学的眼光观察世界，用数学的思维分析世界，用数学的语言描述世界的能力。

以下是学生数学日记展示及教师点评。

数学日记1

济南市历城区洪家楼小学　二年级（1）班　李冰蕊

2022年3月7日　晴

今天我陪妈妈去菜场买菜。一到菜场，“哇！好多人呀！我们要买什么菜呢?”妈妈嘴巴里说着。我们来到了卖烤鸭的摊位，问了老板烤鸭多少钱一只，老板说：“25元一只。”我们就买了一只烤鸭。然后又到了一个卖菜的摊位，买了毛豆和板栗，毛豆是10元500克，称了300克花了6元钱；板栗是12元500克，称了500克花了12元钱。我和妈妈又去买了排骨，排骨26元500克，买了700克应该付36.4元，老板说给36元就可以了。

我们买完菜就回家了，回到家妈妈叫我算算买菜总共用了多少钱，我就算了一下：25＋6＋12＋36＝79（元），我告诉妈妈今天买菜总共用了79元，妈妈点了点头说：“对了，这次你可以先适应一下，如果妈妈有事买不了菜，你就可以帮妈妈去买菜了。”“好的，好的，我最喜欢买菜了!”我回答道。

孙老师点评：

日记中讲到的是我们生活中很常见的并且经常经历的事情。从冰蕊你的买菜经历中，孙老师觉得你是一个善于思考、非常暖心的孩子，生活中还有更多的奥秘等待着你去发现哦！

数学日记 2

济南市历城区洪家楼小学　二年级（4）班　李睿泽

2022 年 4 月 6 日　晴

今天，阳光明媚，万里无云，我飞奔向菜鸟驿站，因为妈妈看我非常乖，就给我买了三个小乐高。

回到家，妈妈问了我一个数学问题："一共有 1000 个乐高配件，第一个乐高有 350 个配件，第二个配件有 500 个，问第三个有多少配件呢?"我一番思考后回答道："首先用 350＋500＝850，再用 1000—850＝150，第三个乐高有 150 个配件。"

妈妈夸我真棒，于是我又开开心心地拼起了乐高。

齐老师点评：

睿泽，很棒哦！通过发现问题，想办法去弄明白并解决了新的问题。希望你能继续保持这种探究精神，你会发现更多的数学奥秘哦！

数学日记能够体现数学与现实生活的联系，也让孩子们知道数学源于生活，用于生活，体会到数学就在身边，领悟到数学的魅力，感受到数学的乐趣。通过这次撰写数学日记，同学们增加了对数学的喜爱和兴趣，也希望这份兴趣能陪伴着同学们在数学求学之路上披荆斩棘，勇往直前。

（二）数学文化知识竞赛

为了弘扬数学文化知识，进一步提高同学们的数学文化素养，激发学生对数学的兴趣和热爱，营造浓厚的数学文化氛围，推动高素质数学教学，学校每学年都举办"数学文化知识竞赛"。竞赛立足数学文化知识，不含纯数学题，分数学名家、公式单位、小组竞答、数学谜语四个篇章展开，共计 88 个问题。题目由抢答题与必答题构成，赋分形式由正向加法与倒扣分组成。五、六年级各班代表队，凭借自己在数学类读物上的阅读积累，在赛场上踊跃参与，展现团队智慧。为了现场所有学生更具参与感，活动还设置了场外竞答与视频解决环节。比赛的最终目的是促使学生更好地学习。通过比赛，学生感受到了别样的数学学习形式，了解了更多的数学文化。

五、“慧”读数学

在人们的惯性思维里，阅读是语文科目的事情，跟数学关系不大，直观里认为数学不需要阅读，只要记住知识概念、基本公式、定理等就可以了。其实这是一个很大的误区，数学知识看似“分散”，实则联系紧密，任何新知识的出现，需要建立在“旧知识”的基础上，这就强调知识的连贯性。如何让低年级的孩子在家也能轻松、快乐地学习数学，成为数学组低段教师思考的一个重要问题。考虑到低段学生的年龄特点，减轻负担的同时还要激发学习兴趣，老师们决定依托“项目式阅读”主题，积极开展数学阅读系列教学活动。数学绘本能以儿童喜闻乐见的故事来展现数学知识，渗透数学思想与方法，让孩子在绘本中感悟数学之美，感受数学与生活的紧密联系。

结合一年级孩子的特点，为激发他们的好奇心，备课组老师设计了“一起去寻找藏在童话世界里的数学奥秘”这一活动主题。老师们精挑细选，为孩子们推送了《鼓鼓和蛋蛋的梦想》《一起一起分类病》《生活中的一天》《让谁先吃好呢》等数学绘本视频，孩子们在听故事中获知识、得方法、学分类，同时还养成了良好的思维习惯。

二年级的孩子们已有了一定的数学基础，为拓展孩子们的认知，提升孩子们的阅读能力，教师给孩子们推荐了《数学在哪里》系列阅读书目，并设计了“奇妙火柴棒”动手实践活动（见图 6-49）。

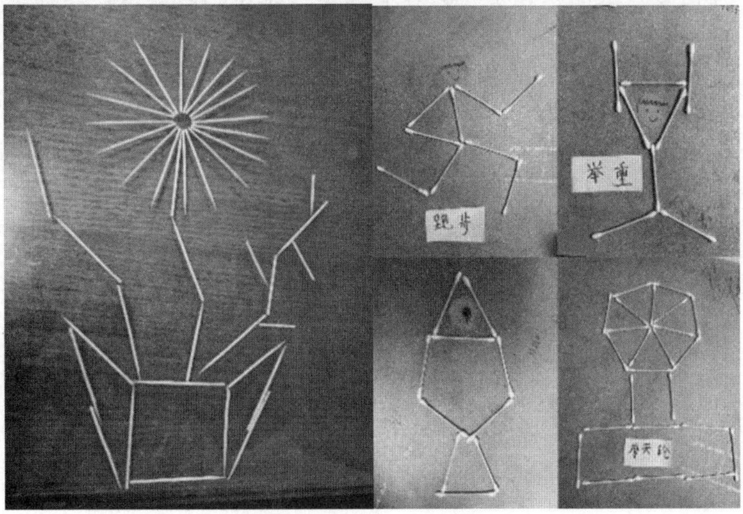

图 6-49　阅读《数学在哪里》学生动手实践

三年级新课本第一单元的学习主题是“轴对称图形”。参考这一学习内容，备课组老师们带领孩子们阅读了6本关于轴对称的数学绘本，包括《折纸的几何》《什么是对称》《抓小偷》《我的魔法师爸爸》等，在绘本故事中建立了“对称”的数学概念；还通过折一折、剪一剪等活动，让学生掌握了轴对称图形的特点，感受到对称的数学之美（见图6-50）。

图6-50　阅读后学生制作的轴对称图形

数学阅读让原本枯燥的数学学习“活”了起来，丰富的学习内容和特别的形式，给每个孩子带来了不一样的数学文化学习体验，激发了孩子学习数学的兴趣，对他们的观察力、想象力、逻辑思维、解决问题等能力的提升具有深远的影响。

为了让每个孩子体验到数学学习的乐趣，每年3～4月数学文化节期间，学校会开设丰富多彩的数学文化活动；每年9月为假期特色作业展评月。一批批数学演说家、讲题小达人、益智游戏冠亚季军、手抄报设计师，从这里走上领奖台（见图6-51）。

一系列的活动，不仅提高了同学们的数学学习水平，让同学们浸润在数学文化与历史中，更让他们被数学家们刻苦钻研、科学严谨的精神所感染，体会到数学与生活的紧密联系。数学文化活动是一粒火种，点燃了师生探究数学的热情；数学文化活动是一个舞台，展示了师生学习的成果；数学文化活动是一场盛宴，促进了师生间的相互交流与合作，让更多的师生站上舞台，通过努力，成就更好的自己！

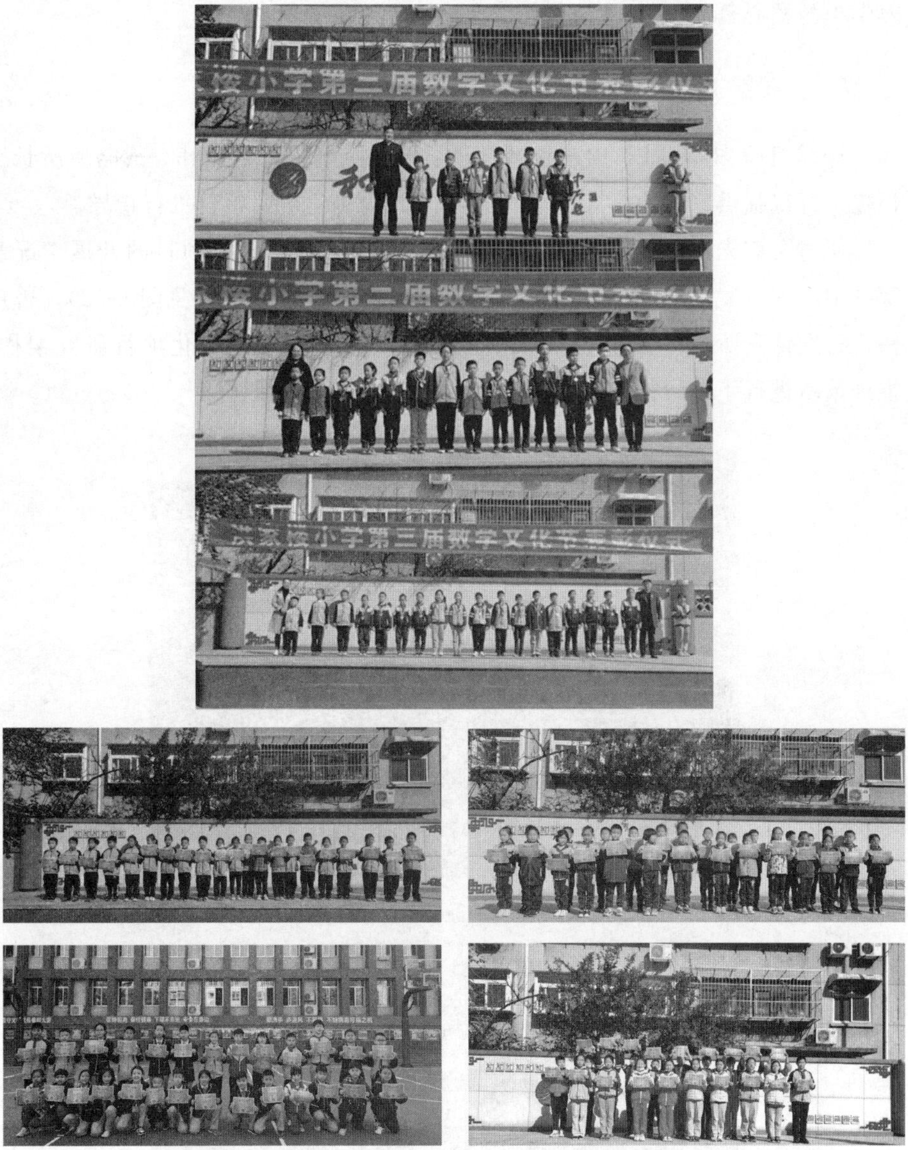

图 6-51　数学文化节对学生进行表彰

六、“慧”创数学

《义务教育数学课程标准（2022 年版）》将培养学生的核心素养作为义务教育阶段数学教育的终极目标，核心素养不是直接由教师教出来的，也不是由学生反复训练所形成的，而是在真实的问题情境中培育起来的。为此，新课标提出在义务教育阶段可以通过跨学科主题学习开展综合与实践活动，培养学生的核心素养。

（一）专家指导

2022年9月29日，山东省教育科学研究院副院长曾庆伟、战略所所长王福建一行莅临洪家楼小学，对学校开展的数学文化研究项目进行指导。

研讨会首先由学校副校长王静汇报学校数学文化研究项目的开展情况和筹办中的项目展示活动的思路、方案以及项目的推进情况（见图6-52）。曾庆伟一行在认真听取了王静副校长的汇报后，对学校数学文化项目研究架构、推进策略进行了细致指导（见图6-53）。

图6-52　王静副校长做汇报

图6-53　专家指导

曾庆伟一行对洪家楼小学数学文化项目的指导高屋建瓴，使老师们今后的教育教学工作方向更明确了。专家的指导增强了教师课题引领教学的信心，为数学跨学科主题活动的开展提供了思路。

（二）数学跨学科主题活动——不“纸”如此

为了充分挖掘学生的潜能，提高学生的数学素养，营造热爱数学、钻研数学的文化氛围，我们的“和为洪小娃，智慧大挑战”活动开始啦！

本次活动挑战主题是“不‘纸’如此”，以“跨界学习、快乐探索、思维碰撞”为根本宗旨，以一系列操作、研究、探索活动为基本载体，为全体学生展示自身的聪明智慧提供平台，使他们感受探究的魅力，享受数学学习的乐趣。

“造纸术”是我国的四大发明之一。有一个成语叫“纸上谈兵”，有一句诗是“纸上得来终觉浅”。能从“纸”上读到知识是从什么时候开始的呢？是谁发明的纸呢？纸都有哪些类型？纸有什么用处呢？……本期挑战，就让我们一起揭开“纸”的面纱，不“纸”如此，乐在其中！

本期挑战，同学们可以自由组队（可以跨年级、跨班），结合主题，提出有价值的问题与设想，并通过查阅资料、实践探索、交流研讨、总结收获等完成挑战。

1.“纸”想陪你玩

在学生们的世界里，纸扮演着不可或缺的角色，剪、折、贴要用到纸，纸牌搭高、纸牌游戏也离不开纸。只要你喜欢，“纸”想陪你玩！

剪纸。中国剪纸是一种用剪刀或刻刀在纸上剪刻花纹，用于装点生活或配合其他民俗活动的民间艺术。在中国，剪纸具有广泛的群众基础，交融于各族人民的社会生活，是各种民俗活动的重要组成部分。其传承赓续的视觉形象和造型格式，蕴涵了丰富的历史文化信息，表达了广大民众的社会认知、道德观念、实践经验、生活理想和审美情趣，具有认知、教化、表意、抒情、娱乐、交往等多重社会价值（见图 6-54）。

图 6-54　学生剪纸作品

折纸。折纸是将纸张折成各种不同形状的艺术活动。折纸既是一种玩具，也是一项思维活动，还是一种消遣方式。同学们可以用纸张折出各种形状和造型，比如飞机、火箭、千纸鹤等等（见图 6-55）。

图 6-55　学生折纸作品

纸贴画。纸贴画是一种使用各色纸材料，运用剪刀、胶水等工具进行拼贴、组合制作而成的纸艺术作品。纸贴画的题材以花卉、人物、风景、动物等为主，具有工艺性、绘画性、装饰性的艺术特色和三维立体的效果。纸贴画色彩丰富，给人一种朴实、自然的感受，具有独具一格的艺术魅力（见图 6-56）。

图 6-56 学生纸贴画作品

纸牌搭高。富有趣味的纸牌搭高对小学生们来说极具吸引力和挑战性，同学们以扑克牌为材料，采用“折”“叠”两种方式进行搭高（见图 6-57）。纸牌搭高活动创造性地将纸牌与手工相结合，进一步培养了学生们的观察能力、思维能力、创新能力和实践能力，从而促进了他们科学素养的全面提高。

图 6-57 学生进行纸牌搭高

纸牌游戏。纸牌游戏花样繁多，规则各异。同学们之间可以自己制定规则进行纸牌游戏，比如比大小、求和、求差、24 点等等。

2.“纸”要会节约

说起纸，我们最先想到的是陪伴我们左右的教科书和方便使用的抽纸。其实纸的用途还有很多，纸最开始也不是现在这个形式。滴水是金，片纸是银，纸是我们的好朋友，我们要学会爱惜用纸、智慧用纸！

（1）纸的来源

中国是世界上最早发明纸的国家，最早的纸出现在 2200 年前的西汉初期。那时的纸很粗糙，且造价昂贵，不被广泛应用。而现在我们的用纸既轻便，又经济。中间经历了许多演变过程（见图 6-58）。

图 6-58 “纸的来源”手抄报

（2）纸的用途

纸是书写、印刷的载体，也有包装、卫生等其他用途，例如制成打印纸、写纸、卫生纸、面纸等。其实纸的用途远远不止这些，比如揉成一团用来发泄，甚至可以当火的引子呢。

（3）节约用纸

从学习到生活，我们都离不开纸，而造纸的原材料主要是树皮等植物中的纤维。一棵生长 20 年的树木可以制作 3000 张 A4 纸，但由于人们盲目地砍伐，现在树木也越来越少了。所以我们要节约用纸，要从我们身边的小事做起。

（4）变废为宝

变废为宝、巧手装饰，利用纸、工具和你的小巧手做成可爱、有趣、实用的手工作品吧。传递爱护环境和节约资源的良好风气，让更多的人参与其中，成为“爱护环境小天使”。废物利用，注重环保，构建绿色校园！（见图 6-59）

图 6-59　变废为宝手工作品

（三）“纸”会变魔术

大家肯定欣赏过魔术表演吧，纸竟然也能带来魔术。

第一，莫比乌斯带简单又神奇，请大家了解莫比乌斯带的原理，动手制作莫比乌斯带，查找生活生产中莫比乌斯带的应用（见图 6-60）。

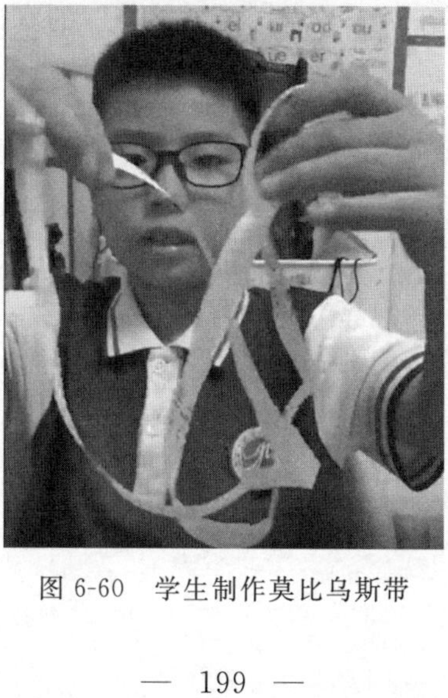

图 6-60　学生制作莫比乌斯带

第二，剪大洞。你能在一张纸上剪一个大洞，让两个人钻过去吗？也许你以为只有魔术师能做到，其实你也能做到（见图 6-61）。

图 6-61　学生用 A4 纸剪大洞

第三，纸的创意作品。我们把纸折一折、剪一剪、插一插会变成各种各样的造型，比如正方形变成一个无盖的纸盒，比如拼插一个桌上垃圾桶等等。

本次活动以“跨界学习、快乐探索、思维碰撞”为根本宗旨，以一系列操作、研究、探索活动为基本载体，为全体学生展示自身的聪明智慧提供平台，让学生们感受探究的魅力，享受数学学习的乐趣，领悟“学数学，其乐无穷；用数学，无处不在；爱数学，受益终身”的真谛。

参考文献

一、专著

［1］邓东皋、孙小礼、张祖贵：《数学与文化》，北京大学出版社 1990 年版。

［2］黄秦安：《数学哲学与数学文化》，陕西师范大学出版社 1990 年版。

［3］齐民友：《数学与文化》，湖南教育出版社 1991 年版。

［4］綦春霞：《数学课程论与数学课程教材改革》，北京师范大学出版社 2001 年版。

［5］汪晓勤：《HPM：数学史与数学教育》，科学出版社 2017 年版。

［6］徐艳斌：《数学课程与教学论》，浙江教育出版社 2003 年版。

［7］张楚廷：《数学文化》，高等教育出版社 2000 年版。

［8］张奠宙：《数学的明天》，广西教育出版社 1999 年版。

［9］张维忠：《数学文化与数学课程》，上海教育出版社 1999 年版。

［10］郑毓信、王宪昌、蔡仲：《数学文化学》，四川教育出版社 2000 年版。

［11］中华人民共和国教育部：《义务教育数学课程标准（2022 年版）》，北京师范大学出版社 2022 年版。

［12］朱焕桃：《数学文化融入高职数学教学的研究与实践》，中国纺织出版社 2019 年版。

［13］［美］莫里斯·克莱因：《西方文化中的数学》，张祖贵译，商务印书馆 2020 年版。

［14］［日］米山国藏：《数学的精神、思想和方法》，毛正中、吴素华译，四川教育出版社 1986 年版。

［15］Bishop，Alan J.，*Mathematical Enculturation*：*A Cultural Perspective on Mathematics Education*，Kluwer Academic Publishers，1991.

二、论文

[1] 陈伟汉：《如何在研学后教中对自己的学业进行学习评价》，《课程教育研究》2013 年第 35 期。

[2] 陈晓菡：《课程意义下的“文化学习”策略》，《教育研究与评论》2021 年第 6 期。

[3] 陈园、陈晶晶：《数学文化融入高等数学教学的探索》，《黄石理工学院学报》2012 年第 3 期。

[4] 邓炜：《好课之“好”》，《小学数学教育》2021 年第 8 期。

[5] 高玉峰、许俊美：《基于课程思政的大学数学课程体系重构路径研究》，《教师》2021 年第 35 期。

[6] 金小波：《科技与文化融合视角下展览设计的实践与思考——以中国科技馆为例》，《学会》2022 年第 4 期。

[7] 廖尚谋：《以“知”育“智”：初中数学核心素养培养》，《文理导航（中旬）》2021 年第 11 期。

[8] 楼肖丽：《立足过程，促进发展——过程性评价的尝试》，《吉林教育》2010 年第 3 期。

[9] 骆洪才等：《析数学文化及其教育性》，《衡阳师范学院学报》（自然科学版）2001 年第 3 期。

[10] 马旭光、朱俊华：《基于单元整体设计的结构化教学策略》，《中小学教师培训》2021 年第 5 期。

[11] 马正芳、何章鸣：《浅谈立体几何中的数学文化》，《数学学习与研究》2021 年第 36 期。

[12] 年仁德：《论数学文化的特征》，《广西右江民族师专学报》2002 年第 3 期。

[13] 聂艳军：《数学文化视角下教材空间设计的实践》，《教学与管理》2014 年第 2 期。

[14] 普粉丽、孙卫新、丁晓敏：《边疆高校非数学专业学生数学素养调查——以普洱学院为例》，《普洱学院学报》2021 年第 6 期。

[15] 申治国：《研磨试题的“三重境界”》，《中学数学教学参考》2022 年第 3 期。

[16] 沈琦：《巧用数学绘本，提升小学生数学阅读能力》，《江苏教育研

究》2021年第Z5期。

[17] 施海燕：《诗性与理性融合，呈现精彩数学课堂》，《教育观察》2021年第19期。

[18] 王翠芳、张硕：《将数学文化融入独立学院数学课堂的教学实践》，《四川教育学院学报》2011年第3期。

[19] 王莉：《数学史在高等数学教学中的教育功能》，《泰山乡镇企业职工大学学报》2008年第1期。

[20] 徐乃楠、孔凡哲、史宁中：《俄罗斯高中数学教科书研究及启示》，《长春师范学院学报》（自然科学版）2014年第12期。

[21] 游安军等：《数学与文化：一个新认识》，《曲阜师范大学学报》（自然科学版）1999年第4期。

[22] 俞娟：《浅析小学数学想象能力的有效培养途径》，《考试周刊》2022年第1期。

[23] 张奠宙：《关于数学史和数学文化》，《高等数学研究》2008年第1期。

[24] 张齐华：《数学文化与素养：两个高度相关的问题》，《江苏教育》2009年第1期。

[25] 张昕：《小学品德学科“多彩评价”研究》，《现代教育》2016年第11期。

[26] 周建强：《普通中学语文概念性课堂教学的探索研究》，《内蒙古师范大学学报》（教育科学版）2022年第2期。

[27] 周艳：《如何加强小学数学教学的文化渗透》，《魅力中国》2009年第22期。